U0770972

觉者为师

做一个不再困惑的老师

王维审 著

山東文藝出版社

自 序

扫码听书

去年，我到一所学校讲课。在互动环节，一位青年教师问我在成长中有没有遇到过困惑。其实，我是一个贴地而行的草根教师，而且我的成长过程并不顺利。只不过，当我面对人生和教育的困惑时，我有自己的方式去应对。我想用下面的这些文字，简单回顾这些年来自己所做过的事、所走过的路、所经历的坎坷，也希望能够给更多的青年教师一些启迪。

实践，重新回到人性

我的教师职业生涯始于一份临时代课教师的工作，我的教育实践也就源于此，它们一样简陋而浅显。那时，我虽然只是一个刚刚毕业的高中生，既没有教学经验，也不懂得教育规律，但是我的教学成绩却很好，所带两个班级的英语成绩一直都是乡里的前两名。在学校组织的一次小规模教学总结表彰会上，教务主任让我谈谈自己的“先进做法”。思索良久，我得出了三条经验：一是跟得上，跟紧班级，跟紧学生；二是拼得上，拼时间，拼精力；三是舍得上，舍得力气，舍得付出。也许是恰好能为领导所用，我的这三条经验得到了领导的认可和推广，直到我离开那所学校时，它仍是领导们给新教师鼓劲的法宝。

前几年，我与昔日同事偶然相遇，当他提及当年的“三条经验”时，已经淡忘了的很多东西又在我心中泛起。真不知道那些单靠热情和勤奋挣来的分数，曾经让多少年少的心灵变得枯竭和乏味。也许学生的分数越高，也就意味着我对学生的倾轧越严重。从这个意义上来说，我是那个时候的“挣分英雄”，也是那个时候我教过的学生的罪人。

经过两年的师范专科教育，我成了公办教师。从那时起，我的教育实践开始进入了请教、模仿和经验积累的时期。和很多青年教师一样，一些优秀教师的教育经验成了我模仿的范本，但重要的是，我的模仿比一般模仿者多了很多创新的成分。也正因此，我比别人累积了更多属于自己的独特管理方法和策略。从 1998 年开始，我就潜心研究小组管理和量化管理，并形成了一整套很具操作性的班级量化管理方略。直至今日，在很多地方仍被推崇的小组合作和量化管理，还是没有突破我当时的一些理念。我的一些做法，在很多场合仍然被作为经验典型推荐和推广。

应该说，五年的量化管理实验，确实给我带来了无限的风光和荣耀，而我却在这种光环之下开始了痛苦的自我否定：如果说我在临时代课时代是用自己的身体捆绑住了学生的身体，那么量化管理就是用数据捆绑住了学生的灵魂。于是，我的教育在 2003 年开始了转向。

又用了五年的时间，我才慢慢找到了教育的最佳方式，那就是让教育回到人本身。当教育的目的单纯到只关注人的时候，教育便不再受那些评价和考核的束缚，而更有了灵性和人性。

在接受一家媒体采访时，记者曾经问我的职业荣耀感来自哪里，我回答说：在多年以后，如果我的学生能够时常回忆起我们在一起的点滴细节，如果这些点滴细节已经对他的行为方式和人生际遇产生了影响，并与他的生命成长发生了千丝万缕的联系，那么这就是我最大的职业荣耀。

从人治到经验管理，再到人性的回归，这是我十几年教育实践走过的路径。而这样的改变和回归，则是源于忘我的阅读、坚持不懈的写作以及直抵灵魂的反思与追问。

读书，让教育不断丰盈

我是一个单调、无趣的人，我所有的时间除了待在课堂里，就是沉浸在书本中，以至于在很多同事看来，我是一个不合群的人。对于我来说，亲近教育经典，不是为了成为教育家，也不单是为了专业成长。我读书的目的有两个，一是寻找到通往学生内心世界的捷径，二是让自己获得精神的丰盈与心灵的澄澈。我读过很多书，但令我一直手不释卷的，则是苏霍姆林斯基的《给教师的建议》。

这本书，我一直在读。对于我来说，它更像是一本字典式的教育工具书，当我在教育中遇到细小的麻烦和巨大的困惑时，都可以在它里面翻检出最有意义和价值的建议。

毕业之后，我先是在校办工厂干了很久的杂活，才有机会接手了一个“差班”。对这个来之不易证明自己教学能力的机会，我十分珍惜。而这种过度在意和紧张，让我在课堂上容不得任何一个学生分心或者走神。哪怕是学生瞬间溜号，也会在我的一声断喝中被凶狠地拽回来。有一天，一个学习成绩还不错的学生，竟然在上课的时候把眼光移向了窗外的那棵树，这自然逃不过我的眼睛，自然也受到了我最严厉的呵斥。但从此以后，这个学生一反过去对数学的喜欢，开始处处与我软对抗，成绩也一再下降。就在这时，我在书中读到了这样一段文字：“你不要大声斥责他，不要当着全班同学的面把他搞成不注意听讲、坐不安稳的坏典型。我劝你轻轻走到他眼前，握住他的双手，把他从他那童年的美妙的独木舟上，引渡到全班学生乘坐的认识的快艇上来。”

这就是苏霍姆林斯基，他在提醒我要懂得孩子，并允许孩子有那么一刻可以沉浸在自己的世界里。我要做的是轻轻地帮助他学会支配自己的时间和思考，而不是简单地惊醒他、打断他、挖苦他，更不能以粗暴的方式毁掉他的尊严和信心。在以后的日子里，我开始改变自己的一些做法：当学生没有完成作业时，我不再惩罚他抄写20遍，而会关切地问他是不是有什么困难或特殊原因；当学生在课堂上打瞌睡时，我不再用教鞭敲醒他，而会走过去问他是不是晚上又熬夜写作业了……这样做，有时会让我发现被自己疏忽了的学生的情绪，有时只是挽回了学生一个小小的错误。但日积月累，他们就在我的理解和尊重中，悄悄回到应走的道路上来。

长期的阅读，让我愚钝的教育实践在不知不觉中慢慢生长出了人性的味道，也让我有了这样一种情怀：无论所处的教育环境多么不如意，无论面对的教育现实多么令人焦虑，我都会坚决地、深深地沉入到阅读中去，让作为教师的自己丰盈起来、温润起来、强大起来的同时，也帮助学生丰盈起来、温润起来、强大起来。

写作，成为那远处的钟声

多萝西娅·布兰德在《成为作家》一书中提到了写作的四个障碍，其中第一个障碍，也是最大的障碍就是写作本身的困难：要不要写作。对于教师来说，这个问题就显得愈加突出。

从理论上来说，教师应该是一个写作的人，并且还应该有着持续写作的习惯和良好的写作素养。而事实上，能够写作、愿意写作的教师已经越来越少，就连语文老师的“下水作文”现在也已经很少能够见到。亲自写一篇文章，对很多老师来说已经是很久远、很困难的事情了，这不得不说是令人痛心的。

原因在哪？很简单，很多人认为教师写作是件可做可不做的事情。

其实，这是一种十分短视的想法。教师写作不仅需要，而且重要。对于我来说，教育行为和思想的日渐成熟，在很大程度上就归功于持续不断的教育写作。

当学生告诉我他的老师找他的“茬儿”，在他犯错时明察秋毫，在他遵守纪律或者做好事时却视而不见，我把这件事记录下来，并对自己和同事的教育行为有了如下深刻的反思：作为教师，我们的潜意识里往往固有这样一种观念——学生的身上一定存在着形形色色的问题，而教育的最大责任就是要不断地发现这些毛病，并通过告诫、指责甚至惩罚来纠正这些毛病。在这种“纠错”教育的理念下，我们过多地关注了学生的不足和错误，而很少会认可、表扬、鼓励学生的正确行为。通过这样的反思，我对教育的感悟和理解一点点接近真实，并最终形成了对教育写作的理性认识：教师写作，不是单纯的才情展示，不是写作技巧的简单炫耀，不是华丽语言的简单拼凑，而是对自己的教育实践不断梳理、提炼、反思、总结的过程。

十几年来，我以教育随笔的形式真实记录了教育生涯中一个个真实的故事，写出了一段段真切的感受，给自己看似烦琐、单调、庸常的教育活动赋予了独特的体验和韵味。也就是在这样的写作中，我不仅悟到了教育的真谛，更感受到了教师职业的幸福和伟大。写作，不仅可以改变我们的教育心态，开阔我们的视野，孕育我们的教育思想，还可以给我们一个隐形的准则，引领我们在自我修正中走过教育的每一个细节，走近理想的教育。具体来说，教师写作的意义可以归纳为以下四点：一是可以去掉教师身上的匠气、俗气，二是可以让教师的心灵变得澄明、清澈，三是可以让教师对自我有一种静谧的梳理与关照，四是可以让教师灵魂深处最丰饶的部分得以深度开垦。

意大利教育家蒙台梭利有过这样一个美妙的比喻：一个人在空气清新的森林或海边散步，如果这时突然从远处传来柔和的、悠长的钟声，一下子，这个人心中的那份美好感受就得到了提升和深化。

我想，教育写作对于教师职业来说，或许就是那远处的钟声。

反思，在更深处寻找

我一直认为，一个教师是否愿意花时间反思自己的工作，能否形成反思的意识和习惯，在很大程度上就决定了教师能不能具备较高的专业素养，也就决定了教师的专业发展之路到底能够走多远。

长久的阅读和写作，让我形成了自我反思的习惯。作为班主任，我在处理任何一件哪怕是微乎其微的小事时，都会这样反思：我这样做合理吗？我达到理想的教育目的了吗？我对这件事的处理有没有不恰当的地方？如果再遇到这样的事情，我会怎么去处理？这样的反思，不仅让我的教育行为从最初的毛毛躁躁，到渐次规范，再到日臻成熟，更让我从慌乱、匆忙、紧张、重复的班级管理事务中慢慢解脱出来，有了更多的时间去规划、思考班级的发展方向。当班级管理从疲于应付走向了自我调控，当教育从被动解决问题发展到自主寻找方向，一个教师的成长就有了情感和智慧上的保障。

还有一种更深层的反思，那就是自我追问，它让我的教育教学反思更为审慎和深入。

接手一个新班级，第一次点名，读到一个男生的名字时，那个生僻的汉字一下子让我脑门直冒汗。我竟然没有见过那个字，更不知道应该怎么读。怎么办？我的脑子急速运转起来。幸好，我曾经在季羡林先生的文章中读到过一个类似的事件。那时，季先生刚刚毕业不久，在一所学校当教员，他的同事就教过他这么一招：如果遇到不认识的姓名，你大可以把他故意漏掉，在点名结束时问一声“谁没有点到”，自然会有人应声，你就可以顺势问一下他叫什么名字。

于是，我借鉴了这一绝招。没想到的是，就在我“顺势”问他叫什么名字时，他笑嘻嘻地反问：“老师，你是不是不会读我的名字呀？要是不会读就直接问我，不用这么拐弯抹角，你这一招有很多老师用过了，我都习惯了。”学生顿时哄堂大笑，我尴尬地站在那儿。待冷静下来，我还是郑重地向学生道了歉，并真诚地请教了他的名字。事后，很多学生感觉我是个特别好的老师，敢于承认自己的错误，我也对自己的做法感到满意，这份尴尬似乎就这么轻易地过去了。

但有一天，我在书中读到了《美国优秀教师行为守则》，其中的第一条就是“记住学生的名字”，由此我深刻理解了名字对于学生和教育的意义。我不由对“名字事件”进行了一次追问：

为什么会出现这个尴尬？因为没有提前做功课记住学生的名字。

为什么会不记学生的名字？因为觉得这件事不重要。

为什么会觉得不重要？因为没有充分尊重学生的意识和习惯。

怎样才能充分尊重学生？记住学生的名字，把学生名字之类的小事当作教育的大事来做。

怎样才能记住学生的名字？

学生的名字有什么样的教育意义？

……

追问，是一种自觉的寻找，向更深处漫溯的寻找。一次名字的尴尬，若是没有这次追问，也许很快就会在忙碌的生活中随风散去，但却在自我追问中绽放了教育的光彩。习惯了追问的我，总会把每一个教育元素进行一次彻底的追问：追问班规，追问作业，追问仪表，追问班会，追问家长会，追问学生座位，追问班干部建设……这种追问和思考，打破了常规对我常年的束缚，引导我在阵痛中开始寻找出路，让那些平庸、肤浅、简单的经验，那些似是而非的疑惑和困扰，在自我剖析和碰撞中得到了升华、确定了答案。

一个优秀的教师，应该时刻对自我的教育经验保持一种好奇的心态，对已经成为习惯的做法与看法时刻保持一种警惕和质疑，对我们习以为常的教育情境保持高度敏感性。而这一切，都要求我们必须经常展开反思和追问，不断进行阐释性思考和批判性反思，让教育教学时刻充满活力和激情。

近年来，我接到的教师求助信越来越多，他们在信中提出了许许多多生活和工作中的困惑。凭着对教育的一点理解，我尽可能地回复他们，但更多的时候，因精力和时间所限，我无法做到一一回复。所以，我写下这些文字，让更多教师学会通过读、写、思来独立解决教育实践中的困惑；所以，我从自己发表的千余篇文章中精选了部分涉及教育困惑的随笔，让更多的人在读这本书时能够有所启迪。

做一个不再困惑的老师，这是我写这些文字的初衷，也是我写这本书的初衷。

2016年春于羲之故里

Contents 目录

第三章　用什么样的眼睛看学生

第四章　我们应该怎样爱学生

第一章
成为好教师的第一步

优秀教师绝对不是天生的，每一位踏上教师岗位的年轻人都需要成长的时间和空间，都需要发现不足与错误的勇气，以及逐步弥补、改正的信心。感恩入职初期的那些“磨难”，不因为任何理由停止追求，这或许就是教师能够做的、应该做的事情；积累经验，增长阅历，敞开胸怀，潜心向前，这或许就是成为好教师的第一步。

有一颗愿意成长的心

扫码听书

我在一所学校和教师座谈时，有一位年轻教师问：“王老师，您觉得一个初入职的新教师要想获得成功，最重要的是什么？是优质的教学环境、良好的成长平台，还是较高的学历水平呢？”我想了想回答说：“这些都很重要，但又都不是最重要的。”

因为，我们可以找到很多能够反证的“证据”。我很少会喜欢一个人到推崇的地步，但是管建刚老师是个例外。我对他的推崇，在很大程度上源于他曾经经历的“恶劣”成长环境以及后期的勃发。“一年大病，两年养病，三年经商，八年村小”——这是管建刚老师在很多场合对自己早期教育经历的一段描述，从中我们不难看出他最初的成长环境并不“良好”：八年村小，证明了他职业生涯第一站的“硬环境”不够上档次，没有多少人可以帮助他成长；三年经商，意味着他起初对教育职业并不十分“热爱”，在成长的“软环境”上也不占多大优势。在我们看来，这样的起步往往预示着他将成为最常见的“普通人”，甚至成为很不合格的小学教师。但从 1998 年起，他开始安心做教师了，十年之后成为特级教师，并在作文教学改革方面打拼出了自己的特色。也就是说，他的成长是从他“安心做教师”以后才开始的。

我学的是历史教育专业，却一直教数学学科。在十分讲究专业对口或者大致对口的中学教育中，我这种跨文理的老师不仅会在最现实的职称评审中屡屡受挫，就连教师成长也大多停滞在县区一级的骨干评选上，这曾经一度成为我迷失的理由。工作十九年，我有十四年的时间待在农村。2009年，调入一所位于城郊的九年一贯制学校，但这所学校以小学为主，我所在的初中部更像是一个摆设。这十九年的时间，我外出学习的机会很少，也鲜有获得荣誉的机会，这种长期的封闭生活，让我几近丧失前行的勇气。

幸运的是，我选择了教育写作，并把它作为自己孜孜以求的一种向往。办公室里，当同事吞云吐雾、侃侃而谈时，放学后，当朋友觥筹交错、酩酊大醉时，宁静的深夜，当别人酣睡或者守着娱乐节目不能自拔时，我始终坚持在寂寞的空间里，用笔墨一点点穿透喧嚣与热闹，记录一天中的烦恼和幸福，反思课堂内外的每一个细节，捕捉生活中与教育有关的点点滴滴。迄今，我已经撰写了七百多万字的教育随笔，其中有一千多篇在《人民教育》等报刊上发表；应邀到各地做教育讲座二百多次，其中近半的讲座与教育写作有关。近年来，我开始在《湖南教育》等杂志拥有了自己的教育随笔专栏，成为《教师博览》《班主任之友》等杂志的签约作者、优秀作者，担任多家教育杂志卷首语的特约撰稿人，并被《中国教师报》《今日教育》《师道》等媒体作为教师成长“样本人物”予以报道或进行封面人物介绍。我知道，这些算不上是成功，但是对于我个人来说，这已经是一种生命的超越和超脱——至少，我没有在困苦中选择放弃，更没有在艰难的行走中迷失方向。

我相信，在全国范围内，一定会有很多教师在毕业之初就被分配到了优质学校，学校也会专门安排一些名师做他们的入门师傅，他们很容易就会获得一个较好的成长环境；我也相信，有更多的学校在不断地为教师成长创造着机会，诸如免费赠书、名师引领、外出学习之类促进成长的手段已经成为常态，新老师们不费气力就可以拥有令人羡慕的成长平台。但是，被这种良好成长环境浸润着的老师们，有多少人能够成长为管建刚一样的优秀老师？又有多少人会珍惜这些机会和平台？事实上，有很多教师把学校给予的成长机会当成了累赘，把学校辛辛苦苦搭建起来的成长平台看成了障碍：听报告时打盹闲聊玩手机，外出学习时溜号逛街买衣服……这已经成为很多教师习以为常的做法，拒绝成长也已经成为一种无法遮掩的大众心态。

至于教师的学历水平，更是难与教师成长建立必然的联系。我的一位同事，只有初中学历，很多年前享受国家的“接班”政策成了学校的校工，负责印刷试卷。后来学校缺教师，他被暂时安排带初中语文课。几年以后，他不仅把课教得有声有色，教学成绩遥遥领先，还成为语文教学改革的一面旗帜，成为全市语文教学骨干和业务教干。他启动的“大语文”教学研究中的许多研究成果，至今仍然在全市推广和应用。当然，他这一个个例不能说明学历与教师成长的全部关系，但至少告诉我们，没有高学历的教师只要愿意成长也一样能够成功。并且，我们也不得不承认，在中小学教育实践中确实部分存在着“研究生不如本科生，本科生不如专科生”的现实。

在我看来，优质的教学环境、良好的成长平台、较高的学历水平和专业素养，确实是一个教师成长和成功的肥厚土壤，但若没有一颗愿意成长的心，这一切都是空谈，甚至成为教师前行的牵绊。

我们为什么要读写

扫码听书

最近，我参加了“墨缘”教师读写社的启动仪式。在感受到读写社成员对读书和写作的那份渴望与执着的同时，我忽然冒出了这样一个问题：我们为什么要读书和写作？

其实，这本是一个不需要也不值得回答的问题。对于一个识些字的人来说，读点书和写点文字本身就是再正常不过的事情。但是今天我们却要把这当作一个活动来推进，还要一再强调读书、写作的重要性，原因是什么？我觉得，这在很大程度上是因为作为教师的我们，有意或无意地把读写这点事给忘了，给抛到了九霄云外。

古人说，“书中自有颜如玉，书中自有黄金屋”，这在很长一段时间内成为古代人读书的动力。在有些教师看来，工作之外的读书，既不可能读出“颜如玉”，也不可能读得“黄金屋”；教案之外的写作，既不会立马带来额外的收益，更不可能像莫言一样写出个诺贝尔奖来。再者说，读写这件事不像教学常规内容那样有人时时提醒和督促，更没有哪个学校把这列为教师必须做的事情。对于教师来说，备课是必需的，少了一次兴许就会被扣上“不备课就上课”的大帽子，搞不好还成了教学事故；批作业是必需的，少一次马上就会被扣掉几分量化分，弄不好还会在大会小会上挨批评……所以，像读写这等看似不紧迫，不会立马兑现“利益得失”的事情，就很有可能被我们“有意”地省略了。虽然内心里知道很重要，但是迫于眼前压力，我们不得不学会省略和放弃。

还有一种可能，那就是现在的这个社会太丰富，这种丰富会让我们的选择变得多元。若是哪一天，停电了，夜深了，既没有现实世界的喧嚣可供消遣，也没有虚拟的网络世界让你冲浪，那么，在此时，若有一本书，一杯茶，你是不是会觉得生活特别丰盈，特别美好？但事实上，这样的机会太少了，我们无时不在面对一些必须面对的东西。比如，那些让我们害怕的东西，我们害怕被淘汰、害怕被超越、害怕遭遇失败……所以我们不得不一路向前，疲于奔命。再比如，那些让我们分心的东西，游戏、爱好、休闲、社交，这些都会让我们瞻前顾后、得过且过，我们再也不可能心无旁骛地去做事情。于是，读写这点事就有可能被我们在繁忙与迷茫中“无意”地忽略了。

对于教师来说，读写本应该是像呼吸和吃饭一样自然而然的事情，在今天却变得这么稀罕和少有，以至于我们不得不想办法推动，想办法诱惑教师去读书和写作。那么，我们到底为什么要读写？除了前面讲到的“本能”和“应该”以外，我觉得至少还有以下两个理由值得我们关注。

一是阅读可以让我们知道外面的世界是什么样子。人说，读万卷书，行万里路。阅读的最大价值就在于可以让我们了解外面的世界，上至远古，下至当下。作为教师，我们必须通过阅读感受名师大家的思想，知道这个世界曾经发生过什么、正在发生着什么，弄清楚现在的教育是个什么样子、今天的教育会走向何方，然后才有可能考量我们正在做的或者打算做的事情是不是落伍了、是不是重复了他人的错误。只有弄清楚了外面的世界，我们才有可能准确判断出自己要拿出来展示的东西，是不是独具特色，是不是个性鲜明，也才能够明确自己的努力方向，在行走的时候才不会旁逸斜出，徒劳无功。

二是写作可以让我们知道自己是什么样子。人最大的悲哀就是不知道自己是谁，最大的不幸就是不能确定哪些东西是自己的。我经常参加一些教师“十佳”“百优”之类的评选活动，从那些参评教师的演讲中，我们很难界定出哪些东西是他的，哪些东西又是她的。千篇一律、百人一面，成了那些参评材料的最大特点。我曾经和其中的几位教师聊过，在我的启发和诱导下，他们都可以把自己最鲜亮的东西找出来，但去写材料时，却不知道如何下手，这几乎已经成了教师的通病。很多教师可能做了很多事，想了很多事，但是让他们用文字来梳理、提炼，就成了“难于上青天”的事了。“我是谁?”“我从哪里来?”“我要到哪里去?”这是人生的三大哲学命题，而这其中最重要的恰恰就是“我是谁”。因为只有知道“我是谁”了，其他的两个命题才有思考的价值和意义。

教师读书怎么读

扫码听书

有一位青年教师问：我读了很多书，可以说是博览群书，但是并没有感到自己有什么收获，也没有看出对自己的专业成长有什么帮助，这是为什么？

这个问题在教育领域其实很普遍，几乎每所学校都在倡导教师读书，似乎只要教师开始读书了，就开始成长了，只要教师书读得多了，教师的专业发展也就快要达成了。其实，这是对教师读书的一个误解。读书是教师专业发展的重要途径之一，读书是为了提高自己的教育教学能力，提升自己的专业素养和人文素养，这一点毋庸置疑。但是，对于教师来说，并不是只要读书就可以获得专业发展。现在很多教师的阅读没有目标、没有规划，甚至没有最起码的方向，读书的价值和意义自然就会大打折扣。

其实，教师的读书还涉及一个最基本的问题：怎么读？

首先，你要读出一根桩。教师读书并不是为了消遣，而是一种专业阅读。但是，现在很多教师的阅读没有目标、没有计划、没有选择，往往是摸着什么读什么，碰到什么看什么。文学、哲学、历史，只要是文字便不加辨别、不加分析、一股脑儿地揽在怀里“孜孜不倦”，看起来读得很热闹，实则并没有什么实质性的收获。这种散养式的读书，只是在读而已，算不上是专业阅读。

真正的专业阅读必须要有一根支撑阅读的“桩”，这根“阅读桩”的形成是一个漫长的阅读历程。对于教师来讲，首先要阅读的自然是与自己专业相关的书籍。你若是学科教师，那你就要熟读本学科的专业书籍，甚至是报刊；你若是班主任，自然就要读些班级管理方面的著作和文章；你若是学校管理者，自然就要阅读与学校管理有关的作品。当然，这样的阅读是一种窄阅读，目的是通过这种专一的阅读，为教师的职业发展积淀必需的专业素养。当专业书籍读到一定的程度，就要开始阅读教育经典和教育理论书籍。这时候的阅读不再局限于自己的学科和专业，也不再是简单技能上的借鉴和移植，而是一个悟道的过程。感悟教育之道，最终就可以把阅读桩的根基做大做强，以丰厚的教育基本理论稳固专业阅读之桩。

其次，你要读出一个圈。一旦你的阅读桩牢固地树立了起来，你的阅读就有了稳定的主题，就有了灵魂。在你的内心里，如果形成了一个阅读的支柱，你所有的意识和精神就会被这根桩牢牢吸引，你所有的阅读就会在不知不觉中聚在桩的周围。换句话说，你就有了阅读的自我立场。这个时候，你就可以抛开“为教育而读教育”的局促，开始随心所欲地“乱”读了。文学、哲学、历史、科学等等，只要你喜欢的，都可以成为你阅读的对象。因为你阅读的根基已经稳定下来，这些看似杂乱的阅读就不再“杂”，更不会显得“乱”，而是都有了一个朝向，朝向你立下的那根阅读之桩。

这时再跳出教育阅读，不仅丰富了你的阅读视野，而且促使你一点点聚拢一个阅读圈。这个圈的核心是你立起的那根阅读桩，你所有的阅读，不管是文学的、历史的，其实都成了教育，至少是被你读成了教育。哲学也许不再仅是哲学，而是教育的智慧；音乐也许不再只是音乐，而是教育的情怀；卡耐基不再是经济大鳄，而是超级导师；老子不再是老子，而是班级管理之道的引领者；《论语》不再是《论语》，而是为师的一种境界。这样的一个阅读圈，其核心是教师的专业，延展的是教育的底蕴，丰厚的是人生的积淀，阅读成为修身养性的一种方式和姿态。这是阅读的第二个境界，也是大多数人通过努力可以达到的阅读高度。

再次，你要读出一个我。书是别人写的，但是你必须读出自己来。一个优秀的读书人，读书不是为了顺从别人的思维，不是为了嫁接别人的智慧，不是为了做知识的储蓄罐，更不是为了做别人的传声筒。那些动辄全篇引用别人的语言，动辄整篇堆砌专家论点的人，并不是一个真正的读书人，因为他们失去了自我。一个失去自我的人，即使读书再多也不会有自己的思考和思想。甚至还可以说，没有自我的阅读，会让人变得慌乱而不知所措。

阅读的真正意义，是把别人的经验与自己的实践结合起来，理顺、吸收并转化成自己的东西。换句话说，就是用别人的智慧帮助自己建构自我。失去了自我的阅读，其实只是在观看他人的热闹，热闹过后仍然是无限的冷清，没有任何东西真正属于自己。这也许就是读了很多书，却没有提高、没有收获的原因吧。从某种意义上来说，读书是要读别人对生活的体验和感受，在书中找到对自己生活的说明、解释和论证，这才是真正的读书。

读书之事没有什么需要绝对遵循的东西，立下自己的读书之桩，并在不断的阅读中不失去自我，或许就是一个读书人应该记住的吧！

教师写作怎么写

扫码听书

这段时间，我在各地给老师们讲“教育写作”这个话题的次数比较多，这让我有机会静下心来回忆并梳理了自己的写作经历。我觉得一个教师的专业写作大概可以分为以下三个阶段：问题化写作、专题化写作和主题化写作。

一是问题化写作。最初开始写作的时候，我似乎是抱着一种“守株待兔”的心态等待写作契机出现，处于“遇到什么写什么”的自然状态。一天的日子里，如果发生了一些值得思考、有点写作价值的事情，我就会欣喜若狂地把它记下来，并进行简单的意义判断。后来，可以等到的“兔子”越来越少，单纯的等待似乎已经无法实现“持续写作”的自我要求，我便开始有意识地挖掘教育实践中有思考价值的事件。因为有了思考和甄别，此时的写作也重视忠实的记录和叙述，但更多的是提出自己的意见和主张。为了有“事”可写，我可以不惜消耗掉大量的休息时间，在繁杂庸碌的“日常生活”中仔细寻找可能激起火花的东西，这在一定意义上培养了我对各种教育现象的敏锐观察力，让我养成了自我发现和自我批判的习惯。

这样的写作，实质上就是把一些极易疏忽但有价值的微小事件问题化的过程。这种问题化的写作至少有三个方面的作用值得我们重视：一是通过对教育实践的问题化梳理，在很多习以为常、熟视无睹的行为中，找到了缺憾和漏洞；二是通过对“教育问题”的深度反思，建设性地完成了教师行为的自我维护和修复，让教师的实践能力日趋完善和成熟；三是让教师习得了一种有意义的坚持，在教师的精神世界不断注入新鲜的活力和勇气。当然，还有一点最基本的东西，那就是锤炼了教师的文字表达和价值提炼能力这一教育行政极易疏忽却又对教师成长具有持续、久远意义的基本素养。

二是专题化写作。专题写作，就是在某一个阶段，集中精力对某一个教育问题，进行“专题化”的反思性写作，可以是对某一现象持续的、追问式的“刨根问底”，也可以是对某一件事或某一个人的紧抓不放的追踪描述。这样的写作未必要完整成文，也未必会立马探究出什么深奥的感受，其目的也不是追求即时发表。换句话说，此时的记录和叙述，在情感上已经成了写作者的一种自觉，在功效上只是研究的一个过程或者素材，它最终的目的是在纵深处觅得教育的本质，在教育不轻易裸露的部分撬开一道缝隙。在很长一段时间里，我对教育随笔的价值意义产生了浓厚的兴趣，并开始关注教师成长的生发点。这一专题写作的开展，不仅让我弄清了教育叙事与教育随笔的关系，更让我从中发现了教育写作的强大力量。

专题写作的点未必要大，它与问题化写作的最大区别在于“深度”，其意义至少有三个：一是突破了“零碎”实践的瓶颈，理顺了“零碎”反思的凌乱，让教育实践和反思具有了方向性；二是聚焦于一点的持续写作，足以让人把问题看个“清清楚楚、明明白白”，容易在混沌中画出一条清晰的路径；三是可以让人在某一个方向上有所突破，在某一个问题上拥有话语权，成为某一方面的明白人。

三是主题化写作。无论是着力于一点的问题化写作，还是沿着一条线深挖的专题化写作，“写”都还占着很大的分量，属于“我写我心”的阶段。即使是反思和感悟，也大都是由叙而发、为叙而发，既缺少系统理论的支撑，也少有写作之前的预设架构。倘若停留于这两个阶段，教师成长势必受限，要想有所突破，必要借助于主题化写作，它是突破教师发展瓶颈的重要渠道。主题化写作，就是指写作者从理论的高度审视自己某一方面的实践，在一个较大的领域内进行“主题化”的系统性写作，并逐步建构自己的理论体系。这就要求教师在写作的时候，不能仅站在自己的角度，也不能单去考量他人的得失，而是要站在较高的理论层面去审视自己的教育实践。

有了前期的写作积淀，无论是写作技能还是语言表达都已经攀升到一定的层次，也具有了较强的反思能力。这个时候，你就可以选择一个自己熟悉的、感兴趣的领域，开始进行主题化写作。从去年开始，我就着手教育写作与教师成长这个领域的研究，经过一年的集中写作，我顺利完成了《寻找不一样的教育》《做一个不再困惑的老师》《推开教育的另一扇窗》三本书稿，初步建构了以教育写作为主题的“觉者为师”系列。这个书系的完成让我在教育写作这一领域有了新的收获。这种收获当然包括几本书的完成，但更重要的是实现了内心深处或者说是灵魂上的一种升华，甚至说是再造，让原本很多似是而非的东西变得清晰，很多零散无序的想法形成了体系。

有人说，熟悉的地方没有风景。教育写作似乎并不是这样，写作的过程更像是在熟悉的地方发现、营造风景的过程。这或许正是教育写作的魅力所在，它可以让我们在重复繁杂的职业中，发现教育的美好，以及自己的美好。

从教育叙事开始

扫码听书

前些日子，我与一个学校的老师进行交流时发现，很多老师感到自己的教学方式“不合时宜”，却不知道如何改变；也有很多老师打算以“研究”“反思”的方式去做教育，却不知从何处入手。当时，我给了他们一个建议，希望他们走上并坚持教育研究之路。他们很快就回应我，教育研究离他们太远，他们没有能力做到。我说，教师从事教育研究并不一定要引经据典地撰写教育论文，也未必要进行高深的课题研究，教师的教育研究完全可以从教育叙事开始。

教育叙事是一种最贴合教师实际的研究形式，它不是简单地叙述一个教育故事、讲述一个情节，而是要在叙事的基础上阐发自己的理解、提炼自己的观点、抒发自己的教育情怀。这个轻“事例”重“事理”的特征，恰恰是教育叙事的价值所在、魅力所在，也是这种研究形式在我国教育领域迅速得到认可，并保持了旺盛生命力的原因所在。从这个角度来说，教育叙事应该是一种研究，它对教师成长的促进功能主要表现在四个方面：

一是反思。文字是一种最深沉的反思载体，而教育叙事最直接的作用就是通过叙事写作，让教师学会用文字来反思自己的教育生活，养成反思的习惯，并进而形成反思的能力。初做班主任，面对烦琐的工作，我有了一种疲惫不堪的压力感。一时间，牢骚、不满淤积了一大堆，若是再遇到“同仇敌忾”的同事，一伙人就会把对教育生活的厌倦和无奈宣泄得一塌糊涂。牢骚是一个很奇怪的东西，你发泄得越多，补充得就越多。很多人最初的那点教育激情，也就在这种无休止的折磨中消失殆尽。后来，我开始了叙事写作，从简单的记事开始，到慢慢开始思考、反思，生活中的那些烦恼变得越来越少。反思，成了我排解愤怒和坏心情最好的途径；而文字则成了我研究自己、研究学生的最初载体。这件事我做得到底对不对？若对，有哪些经验值得珍藏？若不对，有哪些教训需要铭记？这就是我最初的、最简单的一种研究，或者说是一种依靠文字的深度反思。

二是发现。长久的叙事写作，可以让一个教师的教育感变得灵敏。教育里那些长久存在的小烦恼、小心情，那些容易被人忽略的小细节、小事件，都可以在叙事中被回味，被一点点嗅出教育的味道，或许你就可以在这样的过程中发现一些小的快乐和幸福。教育无小事，但是教育又是由无数的小事组成的。从教十几年，我从没有经历过什么巨大的、显要的事情，更没有机会去完成惊天动地的创举，每天做的，都是平凡得不能再平凡，普通得不能再普通的小事。但恰恰就是这些小事里，蕴含着许多重要的教育契机和教育资源，如果你以研究的心态去看待这些小事，用文字来记录并揭示这些小事所蕴含的意义和价值，你就会发现一个大的教育世界，无限辽阔，无限广袤。

三是改变。现在的教育太过于追求“技”而往往忽略“道”，教师对于一些问题的处理大多处于寻找解决方法的层面，课堂教学也过于追求技能的彰显，教学几乎成了传授考试方法、培训做题技巧的演兵场，很多地方频繁地搞教师教学技能大赛就足以说明这一点。而教育叙事则可以让教师透过烦琐、冗杂的教育现象，在把自己沉潜之后，慢慢探寻到教育规律，寻找到教育之“道”。接手一个新班级，第一次进行班级点名，却有一个名字因有生僻字而读不出来，这个时候，很多老师会借助一个很小的技巧来解决这份尴尬。比如，故意漏读这个名字，然后让没有读到的同学站起来报上自己的名字。这样，危机化解了，难堪避免了，但是一个绝好的改变自己教育生活的机会也就错过了。如果你是一个善于记录的人、善于研究的人，你一定不会就此住手，而会以研究者的心态去探寻：怎样才能快速记住学生的名字？怎样才能让学生相互之间快速记住对方的名字？怎样让名字成为你的教育资源？怎样才能更好地开发名字这个教育资源？一系列的研究下来，你收获的不再是简单的“技”，而是底蕴丰厚的教育之道，这或许就是叙事写作带来的教师行走方式的改变。

四是成长。我始终认为，一颗被紧紧裹住的心是不可能有生命弹性的，一个教师的成长更需要心灵的自由和诗意的情怀。但是，现实是很残酷的，我们的教师每每为成绩而烦恼、被检查验收困扰，他们的生活枯燥而压力重重。一个教师的成长离不开长时间的沉潜，没有写作，没有思考，没有文字的寄托，教师的灵魂会变得世俗，教师的世界会变得狭小，教师就会为生活所困，就会为利益所困，心情就无法舒展，心胸自然就会萎缩。现实中的很多东西我们根本无法改变，除了愤世嫉俗，我们唯一能做的就是让教育叙事成为教师生命的一部分，让他们在敲打文字的畅快与安逸中，在静静回味、深刻反思的悠闲中，觅得生命的另一种存在方式。

一个教师的优秀或许就是从撰写教育叙事开始的。

成为好教师的第一步

扫码听书

前几天，我收到了一位青年教师的邮件。在邮件中，他以极其失落的语气描写了他短暂的教学经历。

> 王老师您好，我是一个参加工作不久的青年教师，是一个有理想、有追求的老师。在读师范学院期间，我就读过很多教育专著，也了解过世界上很多教育家的教育史。比如雷夫，他就是我最尊崇的一个榜样。毕业之前，我发誓要做一个好老师，一个像雷夫一样深爱着学生也被学生深爱着的老师。自第一节课开始，我就极力塑造一个只会微笑的教师形象，尽可能地宽容学生，尽可能地不大声呵斥他们。但是很快，我的宽容就被学生利用，他们不惧怕我，在我的课堂上肆意说话、打闹，我布置的作业他们根本就不去理会。本以为我用真心待他们，他们就会像雷夫的学生那样懂事、听话，也会用真心待我，但事与愿违，我付出的一切没有得到应有的回报。这次期中考试，我带的班学科成绩年级排名倒数第一，领导找我谈话，家长告我不负责任。于是，在昨天的班会上，我一改过去的“温柔”，制定了严格的班规制度，并狠狠发了一通火。但是，学生全都不服从我的管理，几个学生甚至开始公开与我对抗。我想做一个好教师，也经常通过阅读学习名师们的教育智慧，但是很多东西

到了我这里就不管用了，失效了。我真的不知道，接下来我应该怎么做？

这位青年教师的“遭遇”，恰是绝大多数教师都会经历的一个迷茫阶段。很明显，工作第一年是教师最有激情和热情的时候，也是绝大多数教师最容易迷茫的时候。对很多青年教师来说，最初怀揣满腔热情和美好设想，经过短暂的实践过后，大多会产生一个心理落差，会出现职业生涯的第一个挫败期。究其原因，是在此之前，他们学到的是课本知识和基本理论，他们看到的、听到的多是教育的成功案例，他们记住的多是大家名师的教育智慧，很少会有人告诉他们平凡的真实的教育实践，更少有人会坦然告知教育生活的种种烦琐与复杂。当他们满心欢喜地把别人的经验复制到现实之中时，往往会有“纸上谈兵”与“短兵相接”的巨大落差，这个时候失败和失望就会在所难免。就像这位年轻教师一样，因为被雷夫的精神感染，便极力去做一个雷夫一样的教师，却忘记了“橘生淮南则为橘，生于淮北则是枳”的简单道理。如果这个时候他的困惑得不到及时疏通，或许就会成为他职业倦怠的开始。

其实，任何经验的获得都是由适宜的环境、适宜的人、适宜的策略共同完成的，没有人可以把他人智慧直接移植到自己的头脑之中。陶行知的四颗糖可以改变一个学生，我们的四斤糖也未必能换来学生的一个微笑。也就是说，从“四颗糖”的故事中，我们可以借鉴的是陶行知尊重学生、理解学生的那种豁达，可以吸收的是陶行知的教育智慧，但绝不能把他的做法直接作用到我们的学生身上。恰切的做法是，我们把陶行知的那种精神，嫁接到我们的行动之中，并让其在磨合中获得生长和成长。嫁接的过程，需要对他人进行审视，更需要对自己进行深度反思，至少需要弄清楚自己的缺点是什么，哪些是自己需要改进和完善的地方。如此来说，教师的成长应该是一个缓慢的过程，不仅需要坚持不懈的努力，更需要勇于剖析自己和接纳他人的勇气，唯有此才有可能获得最后的成功。

每至此，我就会想起一个人，一个敢于把自己的脆弱剖析给别人看的美国教师——弗兰克·迈考特。弗兰克·迈考特是与雷夫一样获得“全美最佳教师奖”的优秀教师，所不同的是他在著作《教书匠》中真实地记录了自己的辛酸和甘甜、困惑与成长。刚刚踏上教师岗位的迈考特也经历了所有年轻教师都会经历的一切坎坷——混乱的秩序、家长的指责、领导的质疑、不良的成绩。他眼中的那些小混蛋、小恶魔在他的课上故意捣乱，让他出丑，制造难堪，藐视他的权威。他大声地呵斥过学生，用杂志打过学生的脑袋：这些麻烦事让他对自己的职业生涯产生迷茫，并近乎自卑。但是他并没有就此堕落，而是满怀激情地持续学习，不断修正和确认自己的教育实践。最终，迈考特用了十多年的时间终于找到了自己的位置，发出了自己的声音，并最终获得美国教育界最高荣誉“全美最佳教师奖”，被誉为“老师中的老师”。

迈考特这个“教书匠”的成功告诉我们，优秀教师绝对不是天生的，每一位踏上教师岗位的年轻人都需要成长的时间和空间，都需要有发现自己的不足和错误的勇气，以及逐步弥补、改正的信心。对入职初期的那些“磨难”心怀感恩，对遭遇到的困苦坦然面对，不因为任何理由停止或者放弃，这或许就是青年教师能够做的、应该做的事情。

每一个人都会经历成长的挣扎和焦虑，果断地走出去开阔自己的教育视野，拨开挡在眼前的迷雾与灰尘，就一定能够看到不一样的教育风景。从这个意义上来说，不断积累经验、增长阅历，时时敞开胸怀、潜心向前，或许就是成为好教师的第一步。

做一个从容的教师

扫码听书

从教室门前走过时，又一次听到近乎咆哮的呵斥声，那是班主任老师在训斥班里的学生。每天我都会从这里路过，每天都会听到同样的声嘶力竭。只不过，有时是冲着站在门旁的一两个学生，有时是冲着全班同学，相同的是一阵比一阵分贝更高的刺耳声音，还有那些愈加惊恐不安的学生。

“看看你们两个干的好事，咱们班又被学校扣分了，你们说怎么办!”老师的愤怒还在不断升温。从话语里听得出来，这两个学生一定是没有尽到责任或者做错了事，在学校的检评中被扣了分，从而影响了班级量化成绩。似乎这位老师每一次愤怒的原因都差不多，无外乎学生考试没考好，作业未完成，打扫卫生不及时，做操不认真，课间追逐打闹，班级考核成绩不理想，领导指出了班级中存在的某些问题，任课教师对班级纪律不满意……每一项都可以成为全班同学遭受训斥的理由。

从学校检评的角度来看，这个班级成绩出奇的好：课间操集合，别的班级学生还在混乱中寻找自己的位置时，他们班的学生就已经立正站好，默默地等待做操的音乐响起；课间，别的班的学生都在享受课间的快乐时，他们班的学生都老老实实地坐在自己的座位上，不喧哗不打闹，需要上厕所的同学也是蹑手蹑脚，唯恐打扰了教室里的安静……按说，这些孩子已经做得足够好了，也为老师“挣”足了面子，为什么老师还是不满意呢？私下与这位老师交流时，我说出了自己的这份疑惑。

他说："没办法，一开始为了做好工作，为了得到学校的认可，我对学生要求特别严格。慢慢地，领导开始认可了，家长开始赞许了，感觉自己的压力更大了，就不得不更加严厉地去要求学生，唯恐有了闪失让别人看了笑话。说真的，有时候自己都觉得对学生过于苛刻了，但是没办法，谁都想让自己的班级比别人的强呀！其实最累的还是我，天天担心被扣分，天天担心班里出事，天天担心被人赶上，只好拼命往前赶。太累了，心累呀!"说完，他长叹了一口气，一脸的无奈。但是，我总是觉得这个班级缺少点什么。十几岁，应该正是活泼得一团糟的年纪，阳光、张扬、无忧无虑才是这些孩子生命的底色。而这些孩子，他们的脸上少有放纵的笑容，那种小心翼翼让人有一种莫名的担忧，他们该是这个样子吗？

事实上，每一所学校都有一些这样的"优秀教师"，他们往往教学成绩优秀，班级管理井井有条，他们班级的学生比别班的学生更老实、更听话，他们班级的升学率往往也比别的班级更高。而他们自己也比别人付出更多：为了良好的纪律，他们必须对学生严防死守强力打压；为了高高的分数，他们必须加班加点搞题海战术；为了赢得荣誉，他们必须抛弃自己尊崇的教育理念。可以说，他们在赢得"优秀"的时候，也放弃了教育中应有的那份惬意；他们在制造"优秀"的同时，也挤走了学生生命里的幸福。也许，正是那些长期积攒出来的赞许、认可成了他们前行的累赘，并让他们更加焦虑不安。

其实，成功不仅仅是那些外在的荣誉证书和称号，它更应该是一种内在的体验，是生命的感悟、情感的释放和理想的追求，是一种自然而然的收获和觉悟。作为教师，我们越是喜爱这份工作，越是希望得到教育上的成功，越是要学会从容面对那些忙碌的劳作和世俗的诱惑。否则，一切喜爱和希望都会因追逐功利而慢慢倦怠。

我们该有怎样的师生关系

扫码听书

由于工作原因，我接触过很多新上岗的教师。我的感觉是，如何处理师生关系是他们需要面对的一个大难题，并且会成为决定其教师生涯顺利与否的重要因素。下面这位新教师的遭遇就很有代表性。

小张是去年新毕业的研究生，通过教师招考成为一名初中教师。从大学到研究生的师范教育，留给他的观念都在强调教师应该做学生的朋友，与学生打成一片。上岗前的培训中，那些“专家教师”们讲的“以人为本、和谐师生关系”的观点更是让他热血沸腾。上班的第一天，他为了拉近和学生之间的距离，特意买了一身休闲装。课堂上，他更是极力调动身上所有的幽默细胞，尽可能地迎合学生的兴趣。即使学生出现了问题，他也只是以委婉的语气交流，唯恐一不小心伤了学生的自尊心。最初的一个星期，形势一片大好，课堂气氛融洽，欢声笑语不断，果然达到了“专家教师”描写的理想课堂效果，他自然也就成为学生心目中的偶像，所有能够赞美的语言都被学生用在了他的身上。但是，接下来发生的事情出乎他的意料——学生越来越随便，课堂越来越乱。在他的课堂上，有说话的，有吃东西的，甚至有随意走动的，局面一下子失去了控制，课已经完全没有办法进行下去。为了维持基本的课堂秩序，他不得不开始限制学生的活动，对违反纪律的问题也开始严厉制止。而学生却不买账，认为他变“坏”了，然后就开始拒绝他的课堂，拒绝与他进行一切交流。

我和小张是在新教师培训会上认识的，那时的他已经被学校安排到后勤做校工，彻底失去了课堂和学生。他很迷茫，不知道自己错在哪里——难道朋友般的师生关系只能出现在教育理论里？在我看来，如果像一些专家说的那样，单纯地把师生关系理解为“朋友”，未免有些理想化。我们都知道，教师的职责是引领学生成长。既然是引领，就不能够像朋友之间的影响那样没有目的、没有方向。朋友之间的影响是随意的、散漫的，而教师的引领应该是在一定的目标指导下有步骤、有计划、有秩序、有一定约束力的教育行为。

那么，教师与学生之间到底应该是什么关系？明朝的洪应明在其著作《菜根谭》中说：“恩宜自淡而浓，先浓后淡者人忘其惠；威宜自严而宽，先宽后严者人怨其酷。”抛却其中的封建糟粕，这里面的有些道理还是很值得我们借鉴的。比如前面提到的小张老师，他就属于“先宽后严”的类型，所以才会导致学生“怨其酷”。借助洪老先生的说法，我认为，师生之间的关系应该从两个方面来看：从感情上来说，应该是先淡而后浓，以免喝完浓茶就不能品到淡茶的清香；从教师对学生的约束来说，应该是先严而后宽，慢慢让习惯成自然，这是最为理想的一种状态。

真正的教育实践，没有实习阶段的浪漫，也没有公开课的华丽，更不会轻易出现专家学者所描绘的美丽风景。在师生关系的把握上，我们可以借鉴星云法师的一个理论，“先严后慈，亦慈亦严，不慈不严”。作为新教师，首先要做到的是“先严后慈”，然后慢慢达到“亦慈亦严”的水平。至于“不慈不严”，则是一种出神入化的境界，很难达到。但是，我们必须朝着这个方向努力。

少数人是怎样改变世界的

扫码听书

两年前，我到一所学校给老师讲课，学校的一位中层干部和我聊起了他的教师读书计划。他说，他发现现在的教师都很少读书，他打算成立一个读书社，组织大家一起读书。我对他的想法表示认可，并和他聊了很多关于读书的问题。临分手时，他说他的信心很足，用不了多久就能够在他们学校营造出浓厚的读书氛围。

今天，我偶然和他在网络上相遇，问起他的读书社，他说没有半年读书社就无疾而终了，言语之中流露出了很多无奈。他说，他总算是明白了，一个人的力量是渺小的，在大环境不变的情况下，个人其实是做不了太多的事情的。我问他失败的原因，他断断续续对我讲了当时的情况。

原来，他在和我交流过以后，便开始着手筹建读书社。章程、规则之类的东西弄得很规整，也组织了一部分青年教师参加读书社。一开始，读书社确实组织了一些活动，老师们也一起读了几本教育经典。但慢慢地，成员的读书热情越来越低，人越来越少，最后读书社不得不宣布解散。他感慨地说，一个人不可能拖拽着一群人走路。

像这位老师一样，我们时时会有这样的困惑：在一个波澜不惊的环境里，一个人的努力有用吗？单独的个体又能在多大程度上改变周围的慵懒呢？

就这一点，也许我们能够从火烈鸟那里得到一些启示。我曾经在一个纪录片里欣赏过火烈鸟大迁徙的场面，成千上万只火烈鸟聚集在一起翱翔天空的壮观景象令人震撼。然而，更让我有所感触的却是它们在迁徙之前的努力。每到需要迁徙的时候，总有少数火烈鸟率先飞离湖面，拉开迁徙的序幕，但是，其他的火烈鸟好像并没注意到，于是这一小群火烈鸟又飞回到湖面上。前一日的徒劳无功并没有让它们气馁，第二天他们会继续进行尝试。这一次，更多的火烈鸟和它们一道起飞，然而绝大多数火烈鸟依然是毫不在意。所以，这些先驱又飞了回来。这样的尝试持续了好多天，每次都有更多的火烈鸟加入飞行的大军，可终因大多数的火烈鸟依然没有注意到，大迁徙的计划一再搁浅。

后来，有一天，情况终于改变了。依旧是一小群鸟儿不停歇地扇动翅膀，吸引更多的鸟儿加入进来。虽然还是少数，但它们的行动已经足以起到决定性的作用。整群的火烈鸟都飞了起来，大迁徙开始了——成千上万只火烈鸟同时腾空而起。几只鸟儿，就这样决定了整个鸟群的整体行动。

火烈鸟的大迁徙告诉我们，少数人是可以改变世界的，但是需要我们自己先动起来，并坚定地走下去。恰如玛格丽特·米德所说：“毋庸置疑，极富思想而且信念坚定的少数人可以改变这个世界，这也正是唯一可以改变世界的方法。”我想，读书是这样，教育是这样，世界上一切重大的改变都是这样。

要有站起来的底气

扫码听书

“一将功成万骨枯”，这是一个朋友对当下教师评价机制的评价。初闻，似乎杀气重了些。细想，却也有几分道理在里头。

在现有体制下，教师的培养更像是一场竞争激烈的比赛：在很遥远的地方，竖起一根标杆，上面挂着数量有限的几块奖牌。一声枪响，一群人蜂拥而出，拼杀、抢夺、倾轧、撕扯，一番折腾，极少数的人冲到了前头，遥遥领先。更多的人在拼抢中败下阵来，先是愤愤不平、牢骚满腹，继而接受、麻木，慢慢习以为常。再后来，甘于平庸、与世无争成了很多人的生活常态，并自以为是一种美好的修炼。这其中，又有很多人成了教育的闲人、看客，冷眼看教育，多了几分旁观者的冷漠。

我想，朋友所说的“万骨枯”，应该就是那些在竞争中慢慢消沉的灵魂吧！更为可悲的是，那些有幸冲到前面的“将”们，在顺利摘下心仪的“奖牌”之后，也大都在激动之余不再继续追求。荣誉到顶，职称到头，前面再也没有了值得争抢的诱惑。于是，一切复归于平静，在达到了自己的目标以后，心甘情愿、心平气和地放弃了努力，相比于那些败下阵来的人而言他们只不过是在距离起点稍远的地方。

于是，教育就出现了这样的一种怪现象：失败的人不再努力，成功的人也不再努力。

究其原因，是我们的教师培养过于重视“外驱型”的利益诱导，而忽略了教师“内生型”的自我发展。体制内的教师成长，大都是通过行政或专家的赋权来实现，不仅数量有限而且偏重技能的考核，也就注定了这种成长促进方式往往是先天养分不足，激励作用要远小于对教师的阻碍和打击。事实上，真正能够让教育生命枝繁叶茂的，仍然是教师对自我成长的那份由衷的渴望。对一个教师来说，只有拥有了自我觉醒的朝气，才能以积极的方式持久地努力；只有拥有了自我成长的勇气，才能够准确地领悟自己内心世界里的坚定和豁达；只有具备了自我欣赏的豪气，才能对所从事的教育具有自我满足感、自我信赖感、自我价值感；只有具备了自我超越的霸气，也才能够表现出对教育当仁不让的意识和信心。

每一个教师都是独立的人，都是一个独特的存在。这种独立和独特，需要的不仅仅是义无反顾地前行，更需要这样一种反思：有没有被现实的、短暂的功利钳制？有没有注重扎根于实践，滋养于读书？有没有学会用自己的头脑思考，用自己的文字表达思想？有没有沉浸在自己的世界里，以自己的方式尝试成长？

无论何时，成长都是自己的事情。与舞台大小无关，与有没有掌声无关，与利益得失无关，与别人的评头论足无关。成长需要这样一份坦然的心态：既不做“万骨枯”的悲哀，也不求“一将功成”的荣耀。成长需要这样一份自信：只要一心一意地做好自己的事情，时间终将会在你的身上积淀出一些东西。

再美好的诱惑都会有得到后的厌倦，再娴熟的技能都会有过时后的不合时宜。唯有自我的觉醒、自我的行动、自我的追寻才是不会枯竭的力量。所以，一种理性的职业教育，给教师的一定不是附加在利益之上的成长；一个优秀的教师，最应该拥有的就是自己站起来的底气。

做一个会反思的教师

扫码听书

经常听同事谈论自己的教育生活：为什么自己做了十几年的教师，干了十几年的教育工作，却一直在碌碌无为中徘徊？多少年勤奋付出，圆满地完成了一个又一个“45分钟”，管好了一个又一个“不出乱子的”好班级，为什么我们的教育还是那样生涩地重复着机械的经验？

我想，那是因为我们忘记了反思。

有人说，一个成功的教师必须经历四种境界：第一种境界属于实践操作的层次，这一境界的人数最多，他们大多很累，疲于奔命，手脚忙乱，而他们教学的成败得失，却往往带有很大的偶然性；第二种境界属于经验积累的层次，达到这一境界的老师，重视总结和积累教学经验，从自身的实践中把握事物间的因果关系，可以算得上是高级熟练技师；第三种境界属于理论探索的层次，达到这一境界的老师的教学实践，明显地表现出自觉的理论追求，他们往往可以借助某种教育理论来解释自己的教育行为、修正自己的教育实践，表现出高度的自觉性；第四种境界属于形成思想、风格、体系的层次，达到这一境界的老师完全进入了教育教学的“自由王国”，他们并不刻意表明自己追求某种理论，但已经把这种理论追求深深融入了教学实践的每一个“毛孔”，他们有自己的教育理念，形成了自己的教育思想，完善了教育道德，这是教育的最高境界。

从教育技术到教育道德，是一个人教育思想逐步成熟最为关键的一个过程，而教育反思则是这条路上最为关键的秘籍。

经验加反思才是成长，没有反思的经验是狭隘的，至多只能形成粗浅的知识，如果教师仅仅满足于经验获得，而不对经验进行深入地思考，那么他的教育生命的发展将受到极大的限制。教师的反思不是闭门思过，也不需要多么隆重的仪式，它存在于教学实践，发展于教学实践。一般来说，教师的反思有两种不同的形式：一是实践中的反思，它是过程性的，可以是课后一个小小的课堂反刍，一次凝神思考，也可以是教学笔记、自省日记以及班级日记，大多是微观课堂教学、记录点滴感悟、碰撞思想火花，属于典型的“朝花朝拾”、随遇随思；二是实践后的反思，它是回顾性的，大多在周末假期完成，属于典型的“朝花夕拾”，也就是说，利用较充足的休息时间，把自己的琐碎经验和感受条理化、明晰化、结构化，把一粒粒智慧的贝壳串成美丽的项链，使自己的教育智慧不断升华、不断完善。

教育叙事研究就是以叙事、讲故事的方式表达作者对教育的理解和诠释，是对教育反思的再加工、再实践。教师在自己的日常工作中，经常会遇到一些教育故事，而这些故事里包含着许多“研究”因素。在开展教育叙事研究时，需要教师把日常的教育经验编制成有价值、有现实意义的故事，使每天发生的平凡、碎小、单调重复的教育活动具有一种引人入胜的韵味。在这个过程中，教师需要不断审视自己的教学行为，反思自己的教学实践活动，把自己过去接受的抽象理论置于实践和理性的观照之下，从而使教育理论和教育实践在相互融合的过程中得到丰富和提高。

教育反思可以有效地帮助每一位教师更好地发现自我、认识自我、提高自我，并在参与述说和交流分享中，提高教师的教育理念水平。由此，每一位教师都应该努力去做一个会反思的教师。

让自己先快乐起来

扫码听书

很多时候，我喜欢站在窗前，看校园里进进出出的老师们的脸。或灿烂，或忧郁，一脸的心情，毫无遮拦。有时我就会猜测，哪一张脸会带给孩子一天的快乐，哪一张脸可能会带给孩子糟糕的一天。

果然，那张满是焦躁的脸在教室里迅速爆发。木棒剧烈敲打着讲桌，近乎咆哮的呵斥激荡在教室内外，把我这个路过的人惊得倒退一步。透过窗户望去，几十个孩子正襟危坐，每个人的脸上都凝着一股浓浓的恐惧，临窗的孩子那双颤巍巍的手抖得愈发厉害。

“说呀，说呀，再说呀！……”老师还在尽情宣泄着自己的愤怒，木棒伴着喊声敲打得愈加激烈，整个场面更像是一场疯狂的闹剧。

从老师的咆哮里可以听出来，在老师进教室的时候，有几个学生仍然在说话。讲台上站着的就是惹祸的那几个学生，他们此时耷拉着脑袋，像是犯了深重的罪。对于这位教师我还是比较了解的，不说温文尔雅，也算得上是稳重大气，我从未见过他如此失态。

后来，与这位教师交谈，得知了事情的缘由。原来，他刚进校门时，心情是很不错的。只不过当他看到了公告栏里张贴的班级量化结果时，那些被扣掉的分数开始影响他的情绪。然后就是开会、看操，没完没了地上课。又恰逢学校检评教学常规，该补的补，要编的编，忙活了好大一阵子。上课前，接到了一个家长的电话，莫名其妙地被家长埋怨了一顿。烦躁的情绪就这样越积越多，所以当他走进教室，看到那几个说话的学生时，怒火就在瞬间爆发出来。

“要是在平时，我绝对不会发那么大的火，司空见惯的事哪值得生气呀！当时，唉！主要是压力太大了。”说这话的时候，老师的眼神空洞，像是在说一件和自己无关的事情。

不可否认，随着社会的剧烈发展，越来越多元的价值观，瞬息万变的社会生活，让固守清贫的教师背负起越来越沉重的生活压力。更可怕的是，应试教育就像是紧箍咒，套在教师的头上让他们无法摆脱，分数、考试、职称、量化评比、绩效等等功利的东西，直接冲击着不堪重负的心灵。加之社会的过度要求，家长的巨大期望，领导的过分约束，诸如此类的一切都让教师丢失了生活的情趣，在喧嚣与浮躁中慢慢失去生活的快乐。

教育，需要的不仅仅是精湛的技能，也不仅仅是无私奉献的品德。教育，是师生精神的一次相遇，是一种相互取暖的心灵互动。做好教育的前提就是热爱，那种源于内心的热爱，而这种热爱需要教师做一个快乐的人。

教育是有传递性的，一个内心充盈、幸福感强烈的教师，传递给学生的一定是阳光和温暖；一个焦躁万分、疲惫不堪的教师，传递给学生的一定是恐惧和寒冷。试想，一个自己都感受不到快乐的老师，即使在责任心的驱使下为学生付出一点爱心，那也最多只能像是服务业职业化的微笑，既不真诚，也不可能给学生带来真正的快乐。

所以，如果打算让学生快乐起来，让教育幸福起来，我们教师就必须让自己先快乐起来。这不仅需要教育环境的日趋宽松，更需要教师自己的不断修炼和成长。

坚守住心中的美好

扫码听书

王老师，您好。很久以来，一直在关注您。今天之所以很冒昧地给您写这段文字，是因为一些萦绕在我心里的困惑实在无法排解，恳请您能给我一些指点。写到这里，您可能已经知道我的职业了。从毕业起，我就做了一名教师。虽然这并不是我最初的职业理想（当初的理想是什么，我自己都已经记不清了）。可三年后的今天，我已然喜欢上了这个工作。我是个情感细腻的人，喜欢文字。写作让我充实，让我感到存在的价值。

然而，我的朋友、家人却并不这么认为。他们觉得教师是一个没有前途的职业，写作更是毫无价值，不如来点实惠的东西。可是，我只想安静地教书，只想心平气和地过教师的生活。我喜欢教语文，享受和学生在一起的时光。那很美好。

一个迷茫的青年教师

你好，年轻的老师！很感谢你的信任。从信中我读到了你的迷茫和困惑，也感受到了你对未来的寻找和担忧。在这里，我仅就自己的经历，跟你交流三点感受。

一是理想。在我看来，你刚刚毕业就做了一名教师，比起那些还在为一份稳定的工作而疲于奔命的人来说，无疑是幸运的。更幸运的是，三年以后你“已然喜欢上了这个工作”。你看，你用的是喜欢，你用三年的时间喜欢上了也许要终生坚守的一项工作，比起那些终其一生都在讨厌自己工作的人来说，这份幸运太大，值得一生庆幸。

虽然，教师岗位不是你最初的职业理想，也未必是一份理想的职业，但是你已经喜欢上了这份职业，这一点很重要。一个人会有很多理想，童年期的、少年期的、青年期的等等；一个人的理想是会变的，甚至每分每秒都会有不同的理想，作家、科学家、企业家……这些一闪而过的理想，可能是源于一段文字对你的打动，一场科幻电影的震撼，或者是一个成功人士光环的闪耀。对很多人来说，理想更接近梦想，是因为理想离现实过于遥远。而你不同，你已经找到了自己喜欢的职业，完全可以在这个职业上重塑理想，这或许就是你需要的职业理想。这样的理想，一定更有生活的味道，也一定会更持久。这样的理想，更真实，也一定更值得坚守。

二是成功。成功其实是一种感觉，这一点不知道你是不是能够认可。每一个人对成功的看法都不会相同，正如你的朋友和家人认为“教书是一个没有前途的职业”一样，他们眼里的成功和你内心的坚持会有一定的分歧，这不能用简单的对错来区分，重要的是你希望得到一个什么样的成功！成功最真实的定义，应该是逐步实现有价值的理想，得到你想要的结果。这至少包含了两层意思：一是说，人要想成功得先确定一个有价值的理想；二是说，理想一旦确定，还要努力去实现。也就是说，成功不单是指一种结果，更应该是一个过程，一种进步。在达到预期目标的过程中所做出的种种努力和收获，比如陋习的改变、良好习惯的养成、困难的克服，甚至任何一小点的进步，都算是成功。

成功没有大小之分，只要是为了某个心仪的东西，而尽力去做了，然后得到了，这就是成功。但成功是有质量差异的，因为成功是“逐步实现有价值的理想”，这个理想的价值就决定了成功的品质。你看，你追寻的价值就很有品位，“安静地教书”“快乐、心平气和地过着教师的生活”……这些有价值的东西，一旦嵌入你的灵魂，便会给你一个成功——纯洁而安静意义上的成功。我很喜欢这样的成功，与享受无关，与热闹无关，与熙熙攘攘无关，简单、朴素而透着一股子清香。

三是坚守。别人只能给一个建议，不能给一个未来。如果这个建议是你所需要的，那么未来还是需要你去争取；如果这个建议不是你需要的，那么很可能会成为你努力过程中的一份纷扰。也就是说，你还是要学会坚守，坚守自己。“去考公务员多好”，他们也许这样建议。你得问问自己，这是你需要的吗？那些身不由己的应酬，空虚的时光，甚至是找不到自己的虚伪……这些都是你需要的吗？“一个大学本科生，去教小学生，有什么意思呢？”他们也许这样说你，那你得分清楚什么是有意思的，什么是没意思的，这在于你自己的认识。

想好了这些，你就有了坚守的方向——做一个安静的老师。然后你就得寻找坚守的理由——喜欢，而最难的是获得坚守的信心。这一点很难，一不小心就会动摇，很多人就是因为被诱惑、被说服、被打压而选择了放弃。这一点我深有体会，教书 19 年，我有 14 年的时间待在农村，日子过得简单而充实。教教书，备备课，写点文字，读点东西。后来几年，就过得有些浑浑噩噩，想来就是因为有了那么一官半职的缘故吧。课教得不那么从容了，挤出的时间多葬送在无聊的迎检材料上；书读得没那么悠闲了，精力大都花费在了迎来送往的真假热情上；文字写得没那么接地气了，不仅因为少了很多与学生泡在一起的时间，更多的是丢失了安静的思考。在“博客自我介绍”一栏里，我写着“教书的人”，现在开始害怕，我还算是一个教书的人吗？教书就得有教书人的样子，就得有教书人的坚守，这一点很重要。

我很欣赏你的这句话：“我很享受与学生们在一起的时光，那很美好。”当老师的，最美好的事也许就是享受与学生在一起的时光，既然你觉得很美好，那就让我们一起坚守住心中的这份美好！

最重要的是方向

扫码听书

这段时间，经常收到一些年轻教师的来信，他们在信中大都表达了自己专业成长的困惑和迷茫。他们不知道应该去做什么，也不知道应该怎么去做，他们渴望得到一些指点和帮助。因此，我写了下面的文字，供他们参考。

在我看来，一个教师要想获得专业发展，最重要的是要找到自己的方向。

所谓方向，就是在看清楚自己后，对人生做正确的规划

我认识的一位老师，教师生涯的前半部分相当失败，后来下海经商，生意不佳，再回头时，学校的课堂已没有了他的一席之地。最后，他被安排到学校后勤，一干就是七八年。加上经商的那几年，他总共有十几年没有进过教室。有一次，我在车上与他偶然相逢，聊到未来的发展，他谈了自己的困惑：再拿教鞭？似乎已经不大可能，接近四十岁的人了，再怎么努力好像也无法追上年轻人的步伐。何况，现在的课怎么教对他来说都是谜一样的问题了，更不要说在教学上做出一些成绩来。我记起了他的特长，他是个无线电爱好者。同事的电视机、收音机出了问题，经他捣鼓捣鼓就好了。当时恰逢他们学校鼓励老师组建学生社团，并给

出了优厚的待遇：后勤老师带社团的，算前勤一线教师，职称晋升等都不是问题。于是，我便建议他组建一个无线电社团，争取在这条路上做出些名堂。几年的时间，他的社团做得风生水起，学生频频获得国家级大奖，不仅为学校争得了荣誉，更让他和社团学生的人生变得丰润起来。现在，他是圈子内的名人、学校的功臣，那个被人忽视、轻视的校工早已成了过往。

当老师的，未必非得盯着课堂上的成功，适当地停一停，找到自己的发光点。大多数时候，人不成功未必是因为不够努力，而是因为不知道自己是谁，不清楚自己的优势和劣势。有一些问题必须认真面对。比如，你现在是一种什么样的状态？你自己的特长和兴趣到底是什么？你有可能在哪一个方面有所突破有所发展？这样的问题弄不明白，你的成功之路就无法开启。扬长避短，应该是人生规划的主要依据。

所谓方向，就是打破随遇而安的状态，从庸碌寻常中蹚出一条路

一个新教师的命运，通常与毕业后带的第一个班级有关，与搭班的第一批同事有关。假如运气好，第一次带班就与一个负责任的班主任搭班，而自己抓阄抓到的班级又不是太差，再加上自己的努力，那么一辈子的教师生涯也就奠定好了基础，顺理成章，从成绩好的新教师到骨干，再到学校的台柱子，稳稳当当地也就成了成熟教师。假如运气不好，接了一个差班，再加上同事的不给力、不配合，成绩越来越糟，终有一天就沦为了平庸教师。但是，这并不意味着他们以后的发展会有所不同，短暂的距离拉开以后，无论是成熟教师还是平庸教师，自己的位置和身份都被周围人和自己认定后，大多就会随遇而安地顺从现在的生活，过起波澜不惊、机械重复的日子。再往后几年，你就会发现无论有着怎样经历的老师，其结局是一样的——把教书当成养家糊口的职业罢了。

安徽的庄华涛老师，曾经在最偏僻的村小工作多年，在磨光了最初的努力和激情后，一度融入了周围的生活圈子，喝酒、打牌、唠家常。幸运的是，他很快就对这样的庸碌进行了反省，并开始全力挣脱。他想改变自己的生活方式，但因环境所困，竟然无处寻找出路。于是，他买了电脑，接入了网线，进入网络，成为当地第一个上网的教师。从此，他开始了漫长的网上交流、学习和成长之路。在网络上，他坚持教育写作，短短几年的工夫发表文章几百篇，其影响力超出了所有人的意料。去年，他成为《小学班主任之友》杂志的封面人物，这个曾经甘于平庸的乡村教师借助网络，从乡村走了出来。我见过很多老师，在谈到专业发展时，喜欢拿身边糟糕的环境当理由，不是学校偏僻见不到外面的世界，就是无外力可用得不到贵人帮助。庄老师的经历告诉我们，无论身处怎样的境地，只要愿意成长就一定可以蹚出一条路来。而这条路，其实就是成长的方向。

所谓方向，就是知道自己想要去哪里，然后懂得忽略

弗洛伊德说："人生就像弈棋，一步失误，全盘皆输，这是令人悲哀之事；而且人生还不如弈棋，不可能再来一局，也不可能悔棋。"对于一个教师来说，知道自己需要的是什么，知道自己想到哪里去，是一件很重要的事情。因为，如果你不知道自己要去哪儿，那通常你哪儿也去不了，这一点毫无疑问。在知道了自己要去哪里以后，还有一个最为关键的问题，那就是懂得有所为有所不为，学会有目的地忽略。

人生路上，阻碍自己到达目的地的，有时候未必是困难险阻，也可能是令人眼花缭乱的美景诱惑。有一位朋友，在课堂教学上颇有造诣，得到了领导的赏识，被提拔为学校干部。最初的时候，他还打算坚守课堂，希望在课堂中走出一条路来。慢慢地，他就习惯了迎来送往，习惯

了觥筹交错，在不断的应酬和恭维中成了学校里的“政客”，课堂成了他记忆里的东西。现在的他，升迁无望，教学荒废，一个完全有可能成为精英的优秀教师，几年的工夫成为毫无专长的普通管理人员。每每相聚，他酒后说得最多的莫过于：“如果不贪恋这点小官……”是啊，如果不贪恋，如果坚定地走向自己想要去的地方，那么他的人生或许就是另外一番模样。但事实上，绝大多数人在行走的路上，被一些不需要的东西吸引，从而忘记了自己为了什么而出发。

在我看来，坚持方向，不安于现状，懂得忽略，是教师成长坚定的一步。

必须懂得努力

扫码听书

汉代刘安《淮南子·说林训》："临河而羡鱼，不如归家织网。"这句话告诉我们，无论你再怎么强烈地想得到某种东西，无论你的追逐方向多么明确，倘若没有实实在在地付诸行动，没有持久地努力，终将一无所获。也就是说，你的努力才是可以改变未来的力量。

在别无选择的时候，努力是最好的选择

吃午饭的时候，电视上正在播放一个科普节目，讲的是海洋世界的霸主鲨鱼。这个短片给我普及了一个生物学知识：鲨鱼与其他鱼类相比，少了鳔。我们都知道，鳔对于鱼来讲是很重要的——当鱼想上浮时，它就将鳔充满气体；当鱼想下潜时，它就放出鳔中的气体使其变小。也就是说，鱼能够在水中灵活游动，上浮下潜，靠的就是长在身体内的鳔，而鲨鱼却恰恰没有鳔。没有鳔的鲨鱼，只能靠不停的游动才能保证身体不至于沉入水底，否则就会有性命之忧。正是不停地运动使鲨鱼的体魄保持了强健，强健的体魄使鲨鱼成了鱼类中的强者。从这里不难看出，鲨鱼之所以成为霸主，是因为它别无选择。说白了，鲨鱼的本事是逼出来的。

有一句很经典的话也体现了同样的道理：没有伞的孩子，就只能自己奔跑。我见过很多成功的教师，若是追溯他们的起点，就会发现他们并不比身边的人幸运。这些人大都有一段比较艰难的成长过程，或是工作环境闭塞，或是身边无人伸手相助，甚至一度受到排挤、打压和欺负。他们之所以成功，或许就是因为在最为灰暗的生活里不是选择放弃，而是选择了努力，努力，再努力。其实，面对人生的劣势，努力是最好的选择。就像奋力游动的鲨鱼一样，让生命的残缺逼自己强壮、强大。因为，你的努力，终将成就努力的你。

努力没有那么悲壮，只不过需要坚持

很多人习惯把努力搞得无比悲壮。比如，头悬梁锥刺股，闻鸡起舞，破釜沉舟，梅花香自苦寒来……诸如此类的经典，让人觉得努力是件很可怕的事情。也正因此，人往往都对努力有着一种天然的恐惧。在努力之前，大都要来个深呼吸，然后一跺脚，一副慷慨就义的模样。至少，也是那种风萧萧兮易水寒的味道。

其实，努力用不着宣誓，也用不着紧张兮兮。一次去日照，遇到了新教育的种子教师董艳，一个以“小蜗牛”自喻的青年教师，她的身上就有那么一种不紧不慢的努力存在。她写了很多的文章，记录了自己的思考和小伙伴的成长。她的文字很美，文章写得不错，在我看来每一篇都达到了发表的水平，却从没有发表过。问她原因，她说自己写东西的目的就是记录自己和学生的成长，没想过要发表。她的乡土诗歌教学实践已经走过很长的一段岁月，而且已经有了不菲的成果。问她为什么不把自己做的东西讲出来，让更多的人了解，她说，她做这一切时就没有想过昭示天下，也没有定下成功的时间，她只是喜欢这种不断走下去的感觉。

其实，这才是真正的努力，持久地做自己喜欢的事情，每天踏踏实实地做好手里的每件小事，不拖沓不抱怨不推卸不偷懒，不过分渴望，不纠结于什么时候才能成功。这样的努力是有力量的，那种力量，足以让整个人生洋溢出活力。

所有的努力都是有用的，收获只是时间的问题

有些老师努力一阵子，却没有见到自己希望的那种辉煌，于是就开始怀疑努力的意义。听完一个教育写作报告，回来后就计划坚持写文章，不出半个月，就盼望着有文章发表，但事与愿违，投出去的文章一篇也没有见报，于是便放弃了；听完一个成功教师的成长经历，热血沸腾了，便按照人家的努力去努力，一个月两个月，没成长成人家的样子，便心灰意冷了，感觉努力似乎是没有用的。这样的努力，如果你细细想想，似乎也有过，浅尝辄止，虎头蛇尾。这是很多人容易犯的一个错误，也是大多数人沦为平庸之辈的主要原因。

我读师范专科的时候，开学第一天，有一个同学捧着初一的英语课本坐在座位上读。我问他读这种书有什么用？他回答我说，他要考研究生。我心里一阵发笑，在这样的底层学校，大家都是等着两年后毕业回家当老师，有谁会在第一天就为考研究生做打算？更何况，一个专科生，考什么研究生呀！最重要的是，即使你要考研究生，也不能从初一英语开始读呀！果不其然，两年以后，一直忙着读英语的他和混日子的我们一样都被分到了农村中学教书。我以为，他的努力应该是无效的，白白浪费了大好的青春年华。但是，工作三年后，他真的考上了研究生，毕业后在一所大学教书。其实，任何一种努力都是有用的，许多在别人眼

里看似无用的努力，几乎被人忽略的勤奋，在关键时刻，往往能发挥巨大的作用，使你的前途一片光明。

说到这里，我便不得不说《犟龟》。乌龟陶陶打算去参加狮王二十八世的婚礼，在路上遇到了许多小动物的劝阻。有的觉得陶陶走得太慢，有的告诉它走错了方向，有的说狮王婚礼已经取消，目的就是劝它回家。最后陶陶遇到了乌鸦阿嚏，阿嚏告诉它狮王和老虎开战，已经去世，可是乌龟陶陶始终认为自己的决定不可改变，它坚信一步一步总能走到头。最后陶陶赶到了狮子洞，虽然没有赶上狮王二十八世的婚礼，却意外赶上了狮王二十九世的婚礼。

你看，这就是努力的力量。你不放弃努力，成功就不会放弃你。

第二章
你有抬高一厘米的权力

也许体制是个坚硬的东西，它所营造的教育环境过于刚性，但教育是滋养孩子心灵的事业，不应该也不能过于急迫。可能，我们无法与体制对抗，也没有时间等待体制的完善，但我们完全可以在体制下加入一些自己的东西，用为师者的智慧、专业和勇气，抵挡那些纷沓而来的倾轧，为那些纯真的孩子赢得一个缓冲地带，让他们有可能触碰到教育的柔软。

做一个简单的教师

扫码听书

一位朋友，做老师已经做到了令人仰视的地步。他所拥有的，除了各种荣誉称号，还有许多社会职务：某某研究会理事，某某协会秘书长，某某代表，某某委员……刚开始的时候，每增加一个职务，他都会兴奋好一阵子，周围的人也多了一分对他的羡慕。但他很快发现，参加各种活动消耗了他太多的精力，自己的时间被瓜分得支离破碎，在身心疲惫的同时，自己的专业也几近荒废。从某种程度上来说，他成了这些身份的“奴隶”。

这是一个特例，教师中能够有他那样“成就”的人毕竟很少。对于大多数老师来说，最消耗精力的往往是一些小的事情。这些小事情一般有两个来源：一是自己与别人对比中的“不平衡”，诸如评上优秀的为什么是他而不是我、外出学习的机会怎么又给了他、他为什么比我早评上职称等等都会刺激人越来越忙于奔波在“努力”的路上；二是守护自己“已得”的小心翼翼，好不容易拼抢来的东西，守住也需劳心费力，需要十二分的小心和付出。这样一来，有些人的内心就不再平静：别人有的，自己必须有，并且是越多越好；别人没有的，自己也要争取有，并且要全力以赴。

可以设想，一个人的内心若是被这些东西纠缠，怎么还能心平气和地去做事情呢？

日本杂物管理咨询师山下英子曾经写过一本书，书名是《断舍离》。在书中，她提出了“断舍离”的人生整理观念。所谓“断舍离”，就是通过整理物品了解自己，整理心中的混沌，让人生舒适的行动技术。换句话说，就是借助收拾家中杂物的方式来整理内心的废物，通过舍弃不必要的东西而让人生转而变为开心的方法。对于教师来说，同样需要这样的一种思考：以自己而不是利益为主角，去思考什么东西最适合现在的自己；重新审视自己与利益的关系，去思考什么东西是自己最需要的。有了这样的思考，才能让自己的心情变得清爽，也才能改善自我的心灵环境，从外在到内在，变得彻底轻松。

其实，“断舍离”就是在教我们进行适时、适当的取舍。断，就是断绝不需要的东西；舍，就是舍弃多余的东西；离，就是脱离过度的执着。有些时候，我们渴望得到的很多东西，未必是我们必不可少的，想要得到的原因无非就是“别人有”；我们紧紧攥在手里的很多东西，未必是我们当下所需要的，不肯舍弃的原因无非就是舍不得放手；我们苦苦追求的很多东西，未必是值得我们穷其一生去努力争取的，心有不甘的原因无非就是自己“没得到”。对每一个教师来说，若是能够学会断绝不需要的东西，舍得放弃没有用的东西，找到值得自己追寻的东西，教育生活就会变得轻松自如，清爽透彻。

现在的社会压力越来越大，外在的诱惑越来越多，教师内心积攒下来的东西也会越来越复杂。如果我们不懂得取舍，不会彻底清理自己的内心，不懂得尝试从加法生活到减法生活的转变，就只会让自己感觉越来越累，越来越没有前行的动力。

说到底，不管是朋友那样的牛人，还是普普通通的老师，学会断、舍、离，给自己一个愉悦的生活空间，做一个简单的老师，教育生活会更加美好。

觉者的力量

扫码听书

博友“海棠朵朵”读了《做一个简单的教师》后，给我留言说：“做一个简单的老师？倒是想呢，可人在江湖身不由己啊！”

一个“江湖”，道出了教育现实的窘迫与“惊险”。自隋唐开始实施科举制度，教育就再也没有了最初的那份单纯和灵动。教育似乎成了“江湖”，不仅有打打杀杀的刀光剑影，更有许多扼腕的悲壮和无奈。在踏入这个“江湖”之前，很多人都有一身济世救人的本领和超然的人生目标，但用不了多少时日，这其中的大多数也就只能入乡随俗，成了一个地地道道的“江湖中人”，成了一个只会照本宣科、为考试而教、只追求分数和利益的职业人。在他们看来，“江湖”的很多规矩也许不尽合理，却要实实在在地去遵守，因为江湖不仅强大，而且“险恶”。于是，便有了“适者生存”的人生价值观，便有了“人在江湖身不由己”的感叹。

这个“身不由己”，道出了大多数教师耗光的激情和无奈的心态。在今天，教育似乎已经成了一个竞争最集中的领域，也是一个排序、比拼最频繁的职业。对于学生来说，当堂检测、周检测、月考、期中考、期末考、升学考试等等，考试的密度越来越大，评比的次数越来越多，而这些最终总会转嫁到教师的身上——学生的成绩可能不公开排名，老师的名次是一定要排出来的。对于教师来说，除了要承担由学生的成绩传递而来的压力外，还要被诸如职称、考核、竞聘、迎检等涉及切身利益的东西捆绑。这一切往往让教师失去教育的耐心和理智，在教育理念上急功近利，在教育指向上模糊不清，在教育行为上随波逐流，处于一种被绑架、被挟持的被动工作状态。

但是，如果能够把视野放得宽一些、广一些，其实我们还有很多事情可以去做。

记得卢梭说过这样一句话："人生而自由，却无所不在枷锁之中。欲打破缠绕身心的诸多枷锁，不能一味指望别人，而要看自我是否拥有足够的打破枷锁、赢得解放的力量。"也就是说，教师要想获得精神的解放和心灵的自由需要一种力量，这份力量不是来自"教育专家"引领的"校本教研"和"专业发展"，也不是来自教育行政带给你的发展空间，它只能来自你自己——内心的觉悟和觉醒。

对于一个内心获得高度觉悟的教师来说，教师不再是职业，也不是专业，而是一种有着自己价值信仰的生活方式，一种自律、自信、自由的生命状态。这种自觉的教师成长，不再以权威导向和利益诱惑为驱动力，而是以教师对教育价值、生命意义的自觉守护为力量。

觉醒的力量是强大的。一个自觉成长的教师，不会顺从世俗的趋向，而会坚定自我立场、态度和信念，会以"我"的方式而不是"他人"的方式教书育人；一个自觉成长的教师，不会在因循守旧面前保持缄默，而会自觉地投身于教育研究，会以新的视角发现新的领域，达到新的境界；一个自觉成长的教师，不会以自己的一生来换取功名、利益和权力，而会虔诚地守护人生的自由，会以一种自由、创造、给予的人生态度赢得心灵的安宁。

而我们教师需要的恰是这样一种力量，一份自觉打破枷锁的力量，一份成为觉者的勇气。

把最重要的放在前面

扫码听书

一个青年教师在 QQ 上给我留言：王老师，我经常读您的博客，也很喜欢您的文字。在读您的文章时，我会有一种暂时的愉悦感。因为我所渴望的理想教育，在您的文章中时时会出现，这总是让我产生一些教育激情。但是，当回到教育现实中时，我又会感到手足无措，一个过分强调分数的教育是残酷的，它根本就容不得教育理想的存在。我想请教您，在分数和理想的教育之间，我们该如何取舍？

孟子曰："鱼，我所欲也，熊掌，亦我所欲也；二者不可得兼，舍鱼而取熊掌者也。"对于今天的教师来说，确实需要面对这种类似鱼和熊掌的艰难选择：从学生成长的角度来说，素质教育势在必行；从社会现实来看，应试教育不得不搞。家长需要分数，领导需要分数，中考高考需要分数……几乎所有的人都需要分数，这就让老师们有了一个很现实的选择——舍素质而取分数。潜意识里，人们已经习惯了用成绩来衡量一个教师的教学能力，用分数衡量一所学校的办学水平。这种绝对的"舍鱼而取熊掌"的做法，已经让整个社会形成了一种实用的教育价值观。具体到教师来说，绝大多数选择了从俗，并沉醉于分数久不能醒；极少数人清醒地痛苦着，背负着无法抗拒的压力，艰难地行走。

其实，这种艰难选择，并非教育中独有，其他行业也存在。

在一次级别极高的电视主持人论坛上，与会者围绕"理想"和"现实”展开了一场大讨论：对于电视从业者来说，如何平衡收视率与高品质电视节目、娱乐元素与深度思想之间的关系？能否在电视泛娱乐化的大浪中，做到“深度”和“收视率”两者兼得呢？我国的很多名记者、名嘴不约而同地表示，因为收视率不高，现在严肃的电视节目特别难做，并提出了“收视率”是万恶之源的理论，把电视的“品味走低”归罪于“收视率”。但美国著名电视人唐·休伊却提出了一个相反的观点：“我不知道严肃的新闻原则和讲好一个故事有矛盾，我的信仰就是这两个一定可以结合，关键就是你能讲好一个故事吗？”

唐·休伊于 1968 年创立《六十分钟》，这是一档以政府行为、社会事件、司法案件、人类灾难等“硬新闻”为主要选题的严肃栏目。而就是这样一档在别人看来应该很萧条的电视节目，不仅成为美国电视节目中获得美国电视最高奖“艾美奖”最多的节目之一，同时它的收视率连续 22 年稳居全美前 10 名，被称为美国电视新闻史上的常青树。而在唐·休伊看来，这一切的关键就在于他始终在“讲好一个故事”。为了讲好一个故事，唐·休伊特一出手都是别人想不到的招数：他可以假扮成治安官去接近访美的赫鲁晓夫；为了取得飞机坠毁的独家报道，他租用拖船第一个到达现场……“讲好一个故事”成了唐·休伊工作的最高追求，为此他可以舍弃一些、创造一切，也就把很多的不可能变成了自然而然。

教育也需要“讲好一个故事”，在看似被分数统治的现实面前，不怨天尤人，不悲观绝望，而是以一种必须“讲好一个故事”的心态和智慧，竭尽全力地寻找分数和生命成长的结合点。这就要求我们，一定要把自己价值观中那些最重要的东西放在前面，比如对学生生命的关照和成全。

教育的高度

扫码听书

昨天晚上，一所学校的七八个老师通过邮件和 QQ 与我交流，所说的话题都与教师成长有关。原来，他们学校的校长在教师培训会上读了我的一篇文章，那篇文章是与教师成长有关的。他们听过之后有所触动，于是在博客上找到了我的联系方式，希望能够有进一步的沟通。

其中一位老师在邮件中说："在此之前，我一直觉得自己是一个很成功的教师。从教几十年，我几乎能够把教材完整地背下来，教学参考用书更是读了一遍又一遍，其中的每一个细节、每一个教学设计都了如指掌。不客气地说，哪一次考试可能考到哪些知识点，我都可以猜到一半以上。不断地研究试题、研究考试，也给我带来了丰厚的回报：成绩遥遥领先，家长纷纷送孩子到我班，领导充分认可，鲜花、掌声、赞誉扑面而来。我为此而陶醉，于是更加努力地研究教材、研究考试，更加急促地赶着学生去争抢分数。今天听校长读了您的文章，我才猛然惊醒。是的，回忆自己成为教师以后的阅读，除了教材、教参和习题集，我竟然没有认真读过一本教育书籍，没有认真写过一篇教育文章。就连晋升职称用的论文，也是请朋友帮忙花钱'买'的。现在我即将退休，课堂已经慢慢离我而去，再也没有跟在我后面抢分数的学生。一种失落感让我不知所措，我不知道自己这几十年到底留下了什么，走过的路一点痕迹也没有。更可怕的是，我不知道自己退休后还能做什么。如果让我重新来过，或许我会像您那样做教师……”

在信的末尾，他告诉我，这封邮件是自己说着，让同是教师的女儿写的，也是女儿帮他发的。因为他一直没有学会使用电脑，也没有想过去学习电脑。

其实，在我们的身边，有无数像他一样值得尊敬的老教师。他们不遗余力地从事着教师职业，敬业、勤奋、奉献，像一头默默耕耘的老黄牛，无怨无悔地认真拉犁，也品尝着教育回馈给他们的暂时的幸福。但是，他们不习惯记录，不习惯仰望星空。终有一天，当再也没有能力冲锋陷阵时，他们会落得两手空空。因为，他们找不到自己曾经努力的证据，更无法延长自己的教育生命。我感动于这位老教师的肺腑之言，专门要了他的电话号码，与他进行了一次长谈。我们谈了很多，关于教育，关于生命，以及环境对一个人成长的作用。

而他对自己生命的描述，则让我想起了曾经读过的一则小寓言故事：一只老鼠掉进了一个半满米缸，这个意外使老鼠喜出望外，确定没有危险后，它一顿猛吃，吃完便睡。老鼠就这样在米缸里吃了睡、睡了吃，日子一天天过去。它也曾想过跳出米缸，但终究未能摆脱白花花大米的诱惑。直到有一天米缸见底了，它想跳出这个米缸时，才发现自己已经无能为力。管理学家把老鼠能跳出缸外的高度称为“生命的高度”，这高度就掌握在老鼠自己的手里，它多留恋一天，多贪吃一粒，生命的高度就又高了一点。

其实，功利的教育就是这样一个大米缸，那些现实的诱惑就是害人的那半缸米，其间存在着的，就是一个可以跳得出来，但又没有人愿意去超越的“教育的高度”。

而对着这个高度兴叹的，绝不仅仅是学生，还有那些一直在为分数奔波的老师们。

承认差生的存在

扫码听书

最近，读了一份教育刊物做的一期话题讨论，主题是关于如何看待“差生”。虽是话题讨论，倡导的也是“百家争鸣”，但是这个话题却明显出现了“意见”一边倒的尴尬：整个版面共刊登了七篇文章，其中六篇文章是批判“差生”这个说法的，只有一篇主张可以存在“差生”说法的文章，孤零零地待在边角上。

我与这个版面的编辑比较熟，便与其交流了一下对这一现象的看法。他颇为无奈：话题提出后收到的稿件都集中在了一个观点上，就连那篇观点不同的文章也是为了体现“争鸣”而在后期专门约的稿，没有人敢公开为“差生”的存在辩解。再看那六篇文章的观点：“差生”叫法违背教育初衷，“差生”背后的教育暴力，教育字典里不应有“差生”二字……好像“差生”一词成了现代教育的耻辱，谁承认差生存在谁就是教育的罪魁祸首。

难道“差生”真的在今天的教育领域里消失了吗？

如果你进入某个教师 QQ 群，一定会听到许多的抱怨和无奈，当然都是与“差生”有关；如果你与教师单独交流，一定懂得教师的艰辛不在于时间的投入，而是对一些学生的无可奈何，这些学生当然是“差生”；如果你是一个一线教师，你就会体会到那些难缠的刺头，真的不是一个“差”字可以概括……媒体呈现的教育与现实的教育，走向了两个极端：一边是对“差生”之谓的群起而攻之的大义凛然，一边是对“差生”真实而无奈的叹息。差生，似乎成了只能在私底下偷偷交流的话题，永远不可能拿到桌面上仔细推敲。

这是一个看似很难理解，其实很好理解的现象。如果你仔细看一下这些观点的来源，你就会发现那些义正词严的多出自专家、领导们的文章，那些唉声叹气的一定是“盘踞”在一线的老师们的感受。站的立场不同，处的位置有别，说的和做的自然就会有差异。那些专家们居高临下，总是习惯以理念上的东西来高调宣扬一种方向，自然看不到普通人的艰难；而一线的教师们，饱受生活和工作的压力，要生存就要拼命去争抢，自上而下的功利教育必然导致教师的教育变得功利。这两者都有道理，也都欠缺道理。那么，该怎样看待“差生”这个说法？

近十年，“差生”这个词变得越来越隐晦。时至今日，已经没有谁敢公开叫嚷“差生”这个概念了，似乎谁提出“差生”的说法谁就理念不新、格调不高。于是，一些能人志士便开始玩弄起文字游戏，“差生”一度成了“待优生”“后进生”等等，说法不一，但是明眼人一看便知道这是换了汤却没有换药。其实，很多人之所以觉得“差生”一词不够“素质教育”，还是因为把“差生”的概念给理解得过于狭隘了。在有些人看来，“差生”就是成绩差的学生，一个学生不管多么遵守纪律，多么刻苦努力，只要考不出分数来，那就是差生。相反，一个学生只要成绩好了，其他的缺点都会被盖过，就是名副其实的“三好学生”。骨子里，这些人判定一个学生是不是“差生”依据的就是分数，而单纯利用分数评价学生既为教育行政所不准，也为教育大趋势所不齿，所以没有人敢提“差生”一词也就很容易理解了。

也就是说，不管是教育大家还是一线教师，他们都是承认“差生”存在的，只是碍于“差生”概念的模糊不敢说而已，至少是不敢公开评说。其实，只要承认有优秀生存在，就得相应承认有差生存在，问题的关键是以什么样的标准来划定优劣。如果以考试分数为标准，那就一定有成绩方面的优秀生，也会有成绩方面的差生，还有一大部分不好不坏的普通生；如果以唱歌为标准，那就一定有音乐方面的优秀生，也会有五音不全的差生；如果以道德品质为标准，那就一定有助人为乐的好孩子，也一定会有品质低劣的差生……制定一个标准，就会出现一批差生，这一点毋庸置疑。这样来想，差生的存在就是天经地义的，又有什么值得遮遮掩掩的呢？

对同一个学生来说，在这方面是优秀生，也许在另一方面就是差生。比如在网络上蹿红的那个毕业四年都没有工作的"理科状元"，若以考试分数来评定，他当然是一个不折不扣的优秀生；若以社会适应能力来考核，他当然是一个不折不扣的差生。再比如网上爆红的"同学会，'差生'让'学霸'羡慕嫉妒恨"帖子，其中的"学霸"只能说是在考试分数上"独霸一方"，那些"差生"也只是在当时的考试中落败，换一个评价标准，还不知道谁"霸"谁"差"呢！

"差生"的说法本身是没有错误的，错的是只用分数来判断谁是差生、谁是优生；"差生"的裁定是有益的，只有让学生明白了自己的短板，才有可能让学生更了解自己，从而制定适合自己的目标。谁都是优秀生，谁也都是差生，没有人会十全十美，也没有人会一无是处。有了这样的认识，才有可能不再对"差生"的说法遮遮掩掩、羞羞答答；有了这样的认识，也才有可能公平公正地评价一个人，才有可能全面地认识学生，才有可能不因成绩差而把学生一棍子打倒。

承认差生的存在，坦荡明晰学生身上的长处与短处，让长处更长，短处渐少，直至于无，这也许就是教育的价值所在。

选择一种有境界的舍弃

扫码听书

在江苏讲课，一位参加培训的语文老师和我早就熟识。讲座结束，我们聊起了现在的语文教学，其间他对我讲了自己遇到的困惑。

为了培养学生的写作能力，他从三年级开始，就要求学生每天都要写一段心情，可以是日记，也可以是简单的涂鸦配上寥寥的文字，只要能够把自己一天的心情表达出来，学生可以用任何自己喜欢的方式来呈现。慢慢地，学生喜欢上了这份“额外”的作业，比那些真正的作业还要重视。现在，有的学生可以自己制作完整的绘本故事，有的学生写起了连载小说，有的学生把几年的心情日记做成集子，有的学生开始在报刊上发表作文……最为重要的是，孩子们因为写作，喜欢上了阅读，喜欢上了语文，喜欢上了学习。

为了让学生坚持写下去，他每天都要把学生写的所有“心情”读一遍，还要写几句鼓励的话，这让原本就琐碎的教学工作显得愈加繁重。办公室的人每每调侃他：“你这是自我加压呢？还嫌咱们的常规工作太少呢？你这不是找活干吗？”背后也有人嘲笑他：“这么折腾，也没见成绩好到哪里去！”因为尚在小学阶段，学校没有硬性规定学生写日记，教务处检查的时候也只检查高年级学生的“周记”。所以，在很多人看来，他做了这么多学校没有要求做的事情，纯粹是“自找麻烦”，也有人说他想出风头。说的人多了，他也开始动摇了，他不能确信自己是不是还应继续坚持下去。

其实，这位朋友的遭遇绝对不是个案。随着社会环境和功利思想对教育的介入越来越多，教师这个群体也开始变得浮躁起来，急功近利成为很多教师的心态和行走方式。但是，教育是慢的艺术，教育的真正价值显现有一个漫长的过程，可能你对学生进行了真正意义上的教育，可学生成长的结果却没有附加在你的身上，所谓的“前人栽树，后人乘凉”已经被越来越多地用来形容教育效果的延时性。也正因为此，很多教师不得不在“为了学生一生奠基”与“为了自己的考核成绩”之间权衡着利弊，做着艰难的选择。这位语文老师的困惑也许就在于此，自己所做的一切确实对学生一生的成长有利，自己也为此而付出了很多。但是，在现有的评价制度下，这份付出却不可能给自己带来任何实质性的“利益”。

在有些老师看来，既然学校对教师的考核是即时的，为了在各种评定中得到认可，自己的教育就必须在短期内得到收益。于是，有人选择了拔苗助长，选择了应试教育，选择了速成教学。很多不能增加“分数”的教学内容被抛弃，很多不利于考核的教育环节被省略，很多不能带来即时效益的教育活动被压缩，很多教育的美好被眼前的利益倾轧和践踏……教育好像是一个疯狂的赚分机器，一路轰鸣奔着功利而去，更像是一场“涸泽而渔，焚林而猎”的浩劫。我们不得不承认，今天的教育已经沦落到考什么教什么、查什么做什么、评什么应付什么、流行什么跟风什么的地步。我们更不能否认，功利已经成为教育理所当然的追求，那些“为了孩子一生的教育”已经离我们越来越远。在政绩观、成绩观的影响下，那些卓有远见的教育理念，已经在不知不觉中变成了可有可无的“不应该”和“不可为”。

那么，在这样的一种环境下，我们还要不要坚持自己的教育理想，是秉持大义凛然的坚守还是选择随波逐流的畅快？

其实，我们每个人都应该学会舍弃。陶渊明舍弃了“五斗米”，吟出“采菊东篱下，悠然见南山”的闲适；李白舍弃了官场名利，道出了“相看两不厌，唯有敬亭山”的清幽；王维舍弃了浮世华美，悟到了“人闲桂花落，夜静春山空”的雅致……由此可以看出，舍弃是一种境界：为了追求大山的巍峨雄峻，就必然要舍弃小丘的玲珑俊秀。而我们教师需要的，就是这样一种有境界的舍弃。机械重复的枯燥练习，兴许能够短期内提高学生的考试分数，可能会给你带来年终考核的优秀成绩，但从学生的自由快乐方面考虑，就应该舍弃；身陷俗事的利益纷争，也许可以为自己谋得一份荣誉，挣得一些现实的收获，但从教师的自尊和未来方面考虑，就应该舍弃。当然，舍弃是痛苦的，选择是艰难的，但这恰恰是检验一个教师境界的关键一步。

有一句话说得很好：“牵引一股波涛行走的，可能是它身边的一段岸；牵引千条江万条河，后浪推着前浪向着同一个既定方向前行的，则只能是那众望所归的大海。”我们当老师的，是做牵引一股波涛的河岸，还是做牵引千万条大江大河的大海，就在于我们有没有勇气舍弃舒适和安逸，就在于我们做出了一种什么样的选择。我希望是后者，因为只有舍弃了眼前的小河岸，才有可能收获教育的大境界。

做一个懂得拒绝的老师

扫码听书

李振村老师在《为什么是雷夫》中讲到这样一个事例：在某地，雷夫当着一千多位老师的面拒绝了一位小朋友的要求。那是互动环节，一位小朋友要求雷夫跟着自己学说中国话，结果雷夫严肃地拒绝。他说："我来中国是跟老师们交流的，不是来娱乐大家的。"这就是雷夫，恪守自己的原则，哪怕面对的是孩子，哪怕是在大庭广众之下。

在此之前，我曾质疑过雷夫的中国之行，因为他频繁地演讲，因为他价格不菲的门票，因为他身上与明星大腕颇为相似的运作模式。但仅凭这一件小事，我彻底相信了雷夫，相信了他的教育，相信了他的真诚，相信了他种种看似不易理解的行为。

对一个人来说，知道自己需要什么，并不难；若是为了需要而努力，就有些难；要是能够像雷夫一样，不屈于人情世故，果断舍弃脸面，不惜犯众怒地坚守自己的需要，就很难。

当老师的，大都知道自己需要什么样的教育，大多数人也为此而期盼过、付出过。但当面对周围简单重复着的平庸，一团和气的碌碌无为，简单而直接的分数获取，轻而易举的世俗功利时，大多数人便选择了入乡随俗，选择了随波逐流，选择了无奈地融入，选择了心甘情愿地堕落。

当老师的，大都渴望过事业上的成功，也都有过远大的理想，也为此而争取过、努力过。但当感觉一个人的前行过于寂寞，一个人的奋斗过于悲壮，一个人的特立独行过于惹眼，一个人的坚持会失去太多时，大多数人开始向往缤纷的热闹，抒情的演绎，简单的平凡，轻易的放弃。

这一切，都是因为在行走的过程中，我们忘记了为什么而出发。而雷夫则不同，他应该也懂得取悦孩子可能会获得更多的融洽，可能会给自己带来更温馨的氛围。但他拒绝了，很坚决，很绝情。因为他知道，并一直知道自己是来做什么的，自己最需要的到底是什么。

对一个人来说，真切地知道自己需要什么，这很重要。而能够毫不犹豫地拒绝自己不需要的，这更重要。春秋时代，宋国有一人得到一块宝玉，拿去献给高官子罕，子罕不接受。献玉的人说："我把这块玉给玉雕师傅看过，他认为这是一块宝玉，所以我把它拿来献给你。"子罕说："我以廉洁为宝，你以玉为宝。你把玉给了我，我们就都丢失了自己宝贵的东西，不如你留着玉，我们俩就都能各有自己认为是宝的东西。"

因为懂得自己，所以选择拒绝。这是子罕的宝贵之处，也是雷夫的成功之道。在教育生活中，只有拒绝了热闹，才会有宁静的心态；拒绝了繁华，才会有朴素的坦然；拒绝了权势，才会活得轻松；拒绝了贪念，才会有生活的潇洒；拒绝了诱惑，才会有一生的坚守；拒绝了懒惰才不至于沦为平庸。

李老师在文章的最后问："为什么是雷夫这样一位来自贫民窟学校的普通小学老师，成了世界级的教育大师，成了教师行业里圣人一样的伟大人物？"

其实，这个问题很好回答——因为雷夫是一个懂得拒绝的老师。

让教师拥有成为教育家的追求

扫码听书

七年前，作为当时美国最知名的教育长官之一，米歇尔·李出现在《时代》杂志的封面上，她手拿笤帚，表情严厉地站在一间教室的中央。旁边的文章题目是“如何修理美国的中小学”。为了快速扭转华盛顿地区教学成绩落后的局面，她“修理”中小学的办法是进行一场轰轰烈烈的教师绩效改革。她的改革措施有两个大的亮点：一是把教师的绩效量化，用学生的考试分数来衡量；二是把量化的绩效和教师的收入挂钩，绩效高的教师提高工资获得奖金，绩效差的教师会被解雇，以此来形成激励机制。在这一措施下，华盛顿地区的学生考试成绩的确在短期内有所提高，但是也带来了很多意想不到的恶果。最终，教育工会利用“民主程序”终结了这场教改，米歇尔·李随后辞职。

归结起来，华盛顿教改带来的“负效应”主要集中在两个方面，一是唯分数的激励机制让教师为获得即时利益而过分重视考分，从而出现为分数而教的应试热潮，不仅导致课程内容变得狭隘和浅薄，更可怕的是这种机制刺激了教师素质的快速下滑——教师泄露试题、涂改考试分数、体罚学生的现象大量增加，教师内部恶性竞争、互相倾轧的事件大量涌现；二是唯分数的惩戒机制让教师担心自己会成为下一个失业的人，因而在教师中大面积产生惧怕心理，其后果诚如教师联合会主席兰迪·温嘉顿所说——这样的恐慌不会改变一所学校，也不会多教育一个孩子。

古希腊历史学家修昔底德说："恐惧、利益和荣誉是驱动人类活动的三大要素。"很明显，华盛顿教改充分发挥了"恐惧"和"利益"对教师教育活动的驱动效力，并且也确实激发出了教师对教育活动的强烈响应。但是教改为什么会失败？这其中最主要的原因恐怕是米歇尔·李忽略了教育的独特性。教育是培育人心灵的事业，是人与人之间情感上的一种交流与互动，自然就与从事物品加工之类的人类活动截然不同，那么驱动教师教育活动也就不能以制造恐惧和利益诱惑为手段。

教育是一个传递性很强的活动。一个教师若是因为恐惧而工作，那么他的教育必定是令人恐惧的；一个教师若是为了利益而努力，那么他的教育必定就是功利的；一个教师若是为了自己的内心而教育，那么他的教育才是真正的教育。这个"内心"，实际上就是一种情怀，一种为了教师荣誉而坚守内心的情怀。教师荣誉是什么？绝对不是那些证书和各种称号，甚至也不是家长的赞誉与领导的表扬。教师荣誉应该是一种崇高的精神追求，这种精神追求的终极目的是拥有教育家的生命气质——善于坚守、耐得寂寞、精神独立、敢于直言、启人心智、引领成长，这种精神追求最本质的行动是给予学生尊重、宽容、相信和守候。

美国盖茨基金会在广泛调研的基础上得出一个结论：影响中小学教育水平最重要的因素是教师，教师的素质决定了教育的质量。也就是说，要想做高品质、高水平的教育，就必须有一大批拥有教育家情怀、珍惜教师荣誉的教师。由此，摒弃那种以威吓和利益诱惑为主的教师评价，而建立致力于涵养教师的精神和情怀的评价体系，让每一个教师都有成为教育家的追求，这一点尤为重要。

课堂真的需要被革命吗

扫码听书

前些天，一所学校邀我参加他们的课改成果展示活动。刚到学校门口，我就看见电子屏上的一行红字：某某学校“课堂革命年”成果展示交流大会。这行字顿时让我的心里产生一丝诧异。

近几年，课改已经成了最让教育人津津乐道的事情，与课改相关的活动层出不穷，关于课改的新名词也是一个比一个新锐，一波比一波更具冲击力，但是把课堂与革命堆放在一起，还是出乎我的意料。据校长介绍，他们教育局把这个学年定为“课堂革命年”，学年快要结束了，每个学校都在总结展示各自的“革命成果”。这次邀请我去，就是想让我帮他们把成果润色润色，争取在即将举行的全县“革命成果”评比中脱颖而出。

我翻看着他们的文字材料，一点点寻找他们的“革命”痕迹：口号——让学生“占领”讲台，让老师“靠边站”；做法——拆除讲台，罢黜权威，杜绝讲解，相信学生，打破座位束缚，还学生自由和尊严；理念——把课堂还给学生，让学生做自己的主人；宗旨——颠覆传统，对传统课堂革命……字字句句都透着一股子决心和果敢。但我有一些疑惑，我们的课堂真的需要被革命？传统的东西就得被彻底颠覆吗？

在很多时候，我们对于传统的东西，总是忍不住采用极端的态度去对待，要么顶礼膜拜，视为神物，不加甄别地全盘接收；要么深恶痛绝，把它视为挡在创新路上的怪物，不假思考地一棍子打死。在传统面前，我们往往会失去理性和定力，究其原因，是我们时时会误读传统。那么，传统到底是什么？我们应该如何理解传统的真正意义？

这倒让我想起了西班牙人腌制火腿的方法。

从名字上来看，“火腿”的制作过程好像离不开烟和火，而实际上火腿是猪后腿经腌制、整形、发酵等工序加工而成的一种腌制品，它的主要加工材料是海盐。在西班牙的火腿加工厂，每一年腌制火腿所用的海盐都要仔细回收起来，并小心地存放好。第二年腌制新的火腿时，他们都会把老盐拿出来，加一些新盐进去再次使用。就这样周而复始，很多火腿加工厂所使用的老盐与工厂同龄，已经经历了几十年的时光。而这个做法与节俭无关，是因为这些老盐长期吸附火腿的油脂，慢慢形成了醇厚独特的香味，用这样的老盐腌制火腿，会有一种新盐无法达到的效果。但是，老盐每年都会被消耗掉一部分，所以还需要不断加入新的海盐。在我看来，这老盐就是传统，既不能倒掉不用，也不能拒绝新事物。

毋庸置疑，我们的传统课堂存在着这样或那样的问题，需要我们不断进行改革和创新，这也是我们进行新课程改革的初衷。但是，我们的传统课堂里，一定有很多积淀下来的好东西存在，一定有很多拥有独特价值的精华可以传承。改革并不意味着全盘否定，也不能够非此即彼，更不适合采用“革命”的激进手段作为政绩工程来抓。

我觉得，我们的传统课堂还没有到非得“革命”不可的地步。像西班牙人腌制火腿那样，既保留老海盐的醇香，又不断补充新鲜的咸味，在时间的作用下让新老交替相融，才是我们对待传统课堂的正确态度，也才是课改应有的本义和本真。

给教育一个脸面

扫码听书

为了组织一份材料，我以“如何召开家长会”为题进行了一次专题调研。在收集到的材料中，有很多颇具创新意义的家长会模式引起了我的兴趣。比如菜单式家长会，很多学校对家校工作进行了梳理，找出家长比较关注的问题，然后以“明白纸”的形式告知家长，让家长确定家长会的主题；再比如订单式家长会，有些学校对家长会前的功课做得很足，先是在家长中广泛征集家长的关注点，然后由学校整理共性问题，以此来确定家长会的主题；还有的学校，不断尝试家长会的“去会议”模式，以家长沙龙、家长论坛的形式，达到家校之间的真正合作，达到平等交流的目的。

其中，也有一个被称为“分层”家长会的“创新”举措，其做法让我颇感担忧。有几所学校，以年级为单位召开不同层次学生的家长会，周一是优秀学生的，周二是中等学生的，周三是成绩差学生的，被称为分层家长会。同样，这些学校的班级也被要求分层次召开班级家长会，今天是前十名，明天是后十名，后天是中间部分……根据他们提供的材料，这种做法的亮点是“针对性强，效果明显”。

针对此举我专门与他们进行了交流，并提出自己的疑虑：这会不会有贴标签的嫌疑？成绩差学生的年级家长会和后十名的班级家长会会不会让家长无法接受？学校的回答是——不会的，都是为了孩子好，面子重要还是孩子的未来重要？我又问，如果把三个层次的“学生问题”放在一起交流，岂不是更能让家长全面了解学生吗？答曰，班额太大，家长太多，一次性组织那么多人召开家长会效果不好。

我不知道他们这种创新的根本目的到底是解决“大班额”问题还是解决“针对性”问题。若是解决大班额问题，且集体家长会确实需要分解的话，我觉得未必一定要分层次，年级的可以一次组织一两个班的家长会，班级的可以一次组织几个小组的家长会；若是解决“针对性”问题，那么共性的问题沟通完了，再来一次一对一的交流岂不是更有针对性？

依我看，这种家长会真正要解决的，就是一个分数的问题，目光直指且只指分数。因为分层的依据就是分数，各个层次的家长会谈论的核心自然也是分数：分数高的要更高，决无止境；中间水平的要竭尽全力提高，哪怕多一分也是进步；分数低的自然是要加倍“补偿”，绝不能拖了班级后腿。而这，恰恰忽略了家长的感受：优秀学生的家长自然是兴高采烈，成绩差学生的家长大多就会脸上挂不住。不管怎么说，脸面的问题事关尊严，在学校受尽“难堪”的家长，回家后自然就会让学生“脸上挂不住”，甚至遭受皮肉之苦。连脸面都没有了的学生，极少是可以“知耻而后勇”的，他们大多选择的是让教育颜面尽失。当然，还有很多是以毁灭式的自暴自弃为手段——辍学。

如果一次家长会开下来，就让家长没有了脸面，学生没有了脸面，那么谁还能有脸面呢？据说，这种家长会是借鉴了教学中的“因材施教”原则来实施的。我不知道这种“因材施教”是不是真的科学，我只知道，如果站在人性的角度上，给家长一个脸面，其实也是给教育一个脸面。

教师如何对待自己的短板

扫码听书

前些天，我给青年教师们讲课。在互动环节，有一位教师说，自己经常听一些名师的课，也很关注名师的成长经历，初期他感到很励志，也曾发誓要像他们一样优秀。后来，他发现自己与名师们有很多基本素质上的差距，比如表达能力、激情等。这些“差距”让他失去了努力的勇气。说到这里，其他的教师纷纷附和，甚至有人说名师是需要天分的，有的人再怎么努力也达不到那种境界。

其实，“金无足赤，人无完人”。我们每一个人都有自己的长处和短处，那些名师的身上同样会存在着这样或那样的“短板”。他们之所以成功，只不过是找到了对待自己“短板”的恰当办法而已。那么，教师应该如何对待自己的短板呢？我认为，方法有两个。

一是补短。一个木桶盛水量的多少由最短的那块木板长度来决定，这就是著名的“木桶定律”，也称“短板原理”。这一理论告诉我们，一个人要想成功就必须把自己的“短板”拉长。邻县有一位小学数学教师，几次参加讲课比赛都因普通话不好而影响了名次。为了补齐自己的这个“短板”，她开始苦练普通话，每天坚持听《新闻联播》，并跟着播音员练习发音。经过长期训练，她的普通话水平大幅度提高，个人的综合素质也有了巨大提升。现在，她不仅是省课赛、国家课赛一等奖的获得者，更因其完美的综合素养而成为专门的教学研究人员。可以说，她是通过

“补短”达到个人素质整体提升的一个很好例子。

事实上，一个人的“短板”不仅可以补到和其他“木板”一样长，还有可能把“短板”变成“长板”，成为人生最辉煌的部分。我国著名数学家张广厚上小学时，由于算术成绩特别差，没考上初中，但他相信只要勤奋学习，一定能克服知识上的缺陷。于是他仔细总结了自己学习上的毛病，特别是数学学不好的原因。经过苦练，他的学习成绩有了显著改变，并以优异的成绩考上了中学。在中学阶段，他学习更加勤奋，读完中学又以优异的成绩考上了大学，最后在数学方面刻苦钻研，成了国际公认的大数学家。

二是舍短。有的时候，关注优势会比关注劣势更重要。木桶理论固然有其积极的一方面，特别是一些事关重大的“短板”确实需要花费巨大精力去弥补。但是，对于一些无关紧要、不伤筋骨的“短板”，我们也可以选择舍弃，而专心发展自己的长处。现在，各地都特别重视教师的专业成长，也十分注重对青年教师的培养，往往不惜高价邀请名师大家到校传经送宝，并组织教师学习模仿。其实这种做法并不可取，教师的专业发展应该是扬长避短，而不是一味地去模仿别人的长处。更何况，很多名师的经验并不具有“可复制性”，盲目地让教师舍弃自己的长处而追随他人的经验，难免会落下“邯郸学步”的笑柄。

百事可乐在中国的战略就是这样：他们把制作、发货、物流、渠道拓展等工作全部外包，只保留市场部的几个人专营百事可乐的品牌。在他们看来，只要把品牌这个“长板”做得足够好，就会让百事可乐获得全面胜利。

每一个人都是独特的存在，在面对自己“短板”的时候，到底是“补”还是“舍”，这需要综合考虑自己的喜好和发展方向。那种为了追随名人而盲目把“短板”拉长或者舍弃的做法都是不可取的，因为你不是他们，他们也不是你。

看得到他人的背后

扫码听书

一位年轻教师拿着自己写的一篇教育随笔找到我，让我给提提意见。虽然当时正有许多事情要做，有几项任务还很紧迫，但当看到他期待的眼神时，我还是抽出了一个小时的时间，认真地和他一起把文章修改好，并就他的成长方向提出了自己的看法。

旁边的同事感到很不理解，笑着问我："你这个大忙人，平时工作这么紧，连说句闲话的工夫都没有，今天怎么这么大方，帮一个并不认识的人修改文章?"我笑笑，没有做任何回答，这其中的一些特殊感受或许是别人无法理解的。

我的想法是，一个年轻教师，从渴望得到别人的指点，到踏进平时极少来的教体局大门，再到敲开一间陌生的办公室，面对一个陌生的人，直至说出自己的请求，这得需要多么大的勇气？在平时，我经常收到请求帮助修改文章的邮件，也会有熟悉的朋友要求帮忙，但我很少像指点这位青年教师那样花费那么多的时间，究其缘由正是因为我能够感受到他背后的这份勇气。

前些日子，和过去的同事闲聊，当聊起我刚毕业那年被学校领导"遣送"校办工厂刷洗编织袋的经历时，我说自己当时感到低人一等，见到熟人就羞愧难当，恨不得找个地缝钻进去。没想到同事说："我倒是记得你的这段经历，但是并没有想过这件事会给你带来这么大的压力，我们那些人是没有什么感觉的。”

人真的就是这样，很少有心绕到别人的背后，去体谅他人的困境。更多的时候，我们只会以自己的方式去感知这个世界，并自以为是地把自己的猜测强加给对方。人行路上，被旁边飞车超过，大多时候我们会因自己受到惊吓而愤怒不已，很少会想也许他在赶一件极其重要的事情；公交车上，旁边有人体味极重，似有多日未洗澡之嫌，我们想到的或许是懒惰，或许是修养不够，但很可能，他在条件极其艰苦的地方夜以继日地工作，今天恰是要赶回家休息……

当老师的更是这样。当学生气喘吁吁地跑到教室门口的时候，我们往往会批评他的迟到，却不会想或许他有不可抗拒的原因；当学生有一次没完成作业，我们常常是谴责他的懒惰，却很少会考虑他是不是遇到了什么无法摆脱的麻烦；当学生问了我们一个简单的问题，我们总会觉得他实在是笨得无可救药，却很少去想他可能从昨天晚上就在鼓起这份勇气……这些对教师来说，也许是烦琐的小事，但也恰是这些看似微不足道的小事，成就着或者破坏着教育，成全着或者践踏着学生的心灵。

任何一个人，在思考问题的时候都应该多替对方想一想，多站在对方的角度来看待问题。任何一个教师，都需要具有学生立场，无论是备课的时候、上课的时候，还是教育学生的时候，第一需要想到的就是学生在哪里。

人，应该习惯看看他人的背后，教师更是如此。

你有抬高一厘米的权力

扫码听书

> 王老师，我最近结识了很多老师，并和他们聊到了关于教育的话题。我发现，他们更愿意表达对教育的无奈——体制怎么不合理、评价怎么不公平、学生怎么不爱学习、社会对教育怎么苛刻……然后，就是无休止地发牢骚，似乎所有的教育问题都与自己无关，都是体制的问题。

给我写这段留言的是一名即将毕业的大学生，也是一个即将加入教育战线的准教师。对于中小学教育来说，此时的他还只是一个旁观者。但恰是这样一个“旁观者”的提醒，让我这个“当局者”开始审视自己，开始冷静地思考体制下的教育实践。

有时候，我们会把体制的问题当成逃避责任和自我解脱的借口：当有人指责我们把分数当成教育的唯一追求时，我们会以“体制要的就是分数”来辩解，甚至拿出高考作为最好的说明；当有人提出大一统的管理扼杀了学生的个性时，我们会以“体制要的就是整齐划一”为借口，还会列举出社会的种种现象来说明；当有人指责我们过于追求教育的功利时，我们会以“体制本身就是功利的”来反驳，各种制度文件似乎都可以解读出功利的味道；当我们从事教育一生却没有心灵的收获时，我们会以“体制不够公平”来安慰自己……似乎，我们所有的过错和不足都是体制造成的，教育里的那些生冷和僵硬都是体制下的必然。换句话说，我们是无辜的，体制在那里，我们不得不屈服和顺从。

在这种心态下，所有不合乎情理的教育就变得顺理成章起来，很多违背教育常理的做法也就变得理所应当。在这种心态下，面对那么多无原则的约束和管制，我们开始变得坦然；面对那些生硬的驱赶和拖拽，我们开始变得麻木；面对随时可见的教育悲剧和伤害，我们开始变得无动于衷。我们可以为了分数而不顾惜学生，用大工业生产式的加班加点来提高分数；我们可以为了一场课赛而全力以赴，用无数学生的时间和激情铺垫自己的荣誉之路；我们可以为了升学率而清退顽劣的孩子，用放弃和抛弃提升汇报表上的百分率；为了迎接各种各样的检查，我们可以在学生面前肆无忌惮地弄虚作假，并把学生牵涉其中。这一切，我们都做得坦然而漠然，因为我们可以把所有的原因归结给体制。

归根结底，我们宁愿相信体制无法撼动，也不愿意做别的选择。难道在体制不能彻底改变的情况下，我们真的就无可作为了吗？体制与人性真的有必要那么尖锐地对立吗？难道我们只能给学生这样的教育？难道我们真的无法改良我们的教育？

我记起了20世纪的一个事件，细节已经忘记，只隐约记得下面这些情节。

1992年2月，柏林墙倒塌两年多后，守墙卫兵因格·亨里奇受到审判。原因是在柏林墙倒塌前，他射杀了企图翻墙而过的青年克里斯·格夫洛伊。法庭上，亨里奇的辩护律师称，这些卫兵是在执行命令，罪不在己。然而法官西奥多·赛德尔并不这么认为，他说："作为士兵，不执行上级命令是有罪的，但打不准是无罪的。作为一个心智健全的人，此时此刻，你有把枪口抬高一厘米的权力，这是你应主动承担的良心义务。这个世界，在法律之外还有'良知'。当法律和良知冲突之时，良知是最高的行为准则，而不是法律。尊重生命，是一个放之四海而皆准的原则。”最终，卫兵亨里奇因蓄意射杀格夫洛伊被判三年半徒刑，且不予假释。

你首先是人，然后才是卫兵。亨里奇案作为“最高良知准则”的案例早已广为传扬。“抬高一厘米”，是“人类良知的一刹那”，是一种美丽的自我救赎。这一厘米是让人类海阔天空的一厘米，是个体超于体制之上的一厘米。法律是冰冷的，不应该冷却的是人心；体制是冰冷的，不应该冷漠的是教育。我们的体制也许是坚硬的，它所营造的教育环境也过于刚性，但我们的工作是滋养孩子心灵的，不应该也不能过于急迫。我们也许无法与体制对抗，也没有时间等待体制的完善，但我们完全可以在体制下加入一些自己的东西，用为师者的智慧、专业和勇气，抵挡体制纷至沓来的倾轧，为那些纯真的孩子赢得一个缓冲地带，让他们有可能触碰到教育的柔软。对于教师来说，这不仅是职业尊严，更是一种人性的良知。

恰如那位青年人所说，如果我们教师一味地把埋怨、沮丧和发泄作为教育生活的常态，那么我们只能是越来越迷茫，直至丧失教育的信心和勇气。而要改变这一切，就需要我们教师时时记住，无论教育环境如何，你都有把“枪口”抬高一厘米的权力。

不做链条上的那一环

扫码听书

“老师到底要不要抓成绩?”一位老师在 QQ 群里问。

“老师肯定要抓成绩，关键是怎么抓成绩。”我随手回了一句。

“上级不是要求搞素质教育吗?”这位老师接着追问。

“学生的成绩也是素质的一部分，只要不唯分数论就好。”我只好再跟着接一句。

“不是我们‘唯分数论’，而是学校领导只看重分数。”

“我们是小老师，中考要分数，高考要分数，家长要分数，我们不‘唯分数论’，还能有什么办法?”

“不唯分数论？领导考核老师就依据分数呀！不使劲搞分数，怎么晋升职称，怎么涨工资，教师也是平凡人，也需要吃饭。”

“只要高考不改革，只要体制不改变，我们这些小老师又能做什么?我们不遵守、不执行的结果会咋样？粉身碎骨!”

……

没想到，一个“不唯分数论”招惹来了一群人的“怨言”，而这些“怨言”里满是老师们“想素质教育而又不能素质教育”的“无奈”，映射的是当下教师的一种比较普遍的心态。其实，我只是想表达这样两个意思：一是素质教育与学生成绩并不矛盾，对于一个完整的人来说，能够获得学业上的高分数本身就是一种优秀素质，只不过这仅是整体素质中的一部分，不能作为我们衡量学生的全部指标，更不能成为教育的唯一追求；二是教师抓成绩是岗位职责的一部分，这本身并没有问题，问题的关键在于你是不是只抓成绩，以及怎样抓成绩。

我相信这些道理老师们都很明白，甚至比我理解得还要深刻，但更多的人依然选择了“唯分数论”，选择了“无奈”追随“应试教育”。这其中的心理大概可以借用“平庸之恶”来解释。1961 年，以色列政府在耶路撒冷对奥斯维辛集中营的主管艾希曼进行了审判，当法庭控告艾希曼签署命令杀害数十万犹太人的罪恶时，他却以“我只是链条上的一环”来辩解。当时，汉娜·阿伦特以《纽约客》特约撰稿人的身份，现场报道了这场审判，并于 1963 年发表了《艾希曼在耶路撒冷——关于艾希曼审判的报告》，提出了著名的“平庸之恶”概念。汉娜·阿伦特认为罪恶分为两种，一种是极权主义统治者本身的“极端之恶”，一种是被统治者或参与者的“平庸之恶”。其中第二种比第一种有过之而无不及。一般认为，对于显而易见的恶行不加限制，或是直接参与，就是平庸之恶。如：赵高指鹿为马，群臣点头称是；纳粹建集中营，人们竞相应聘。这些都是典型的平庸之恶。

当然，对教育的理解不存在罪与不罪，也不关乎恶与不恶，教师对教育的执着都是建立在善意之上的。只不过，在面对教育的困惑与压力时，大多数人是以“我只是链条上的一环”的心态来应对的——教育现状如此，我不得不从；更多的人明知道自己的教育实践是违背教育规律的，但是因为“别人都在这样做”的“随大流”心态起着作用，也就和别人一样做起了自己本不想做的事情。在这种心理暗示下，个人的一切“不当行为”都有了妥当的解释——这是体制的原因，我只不过是体制的一枚棋子，我只不过是被泥石流裹挟着前进的一枚石子。言外之意，我很懂教育，是体制不让我做真正的教育。这应该是当下大多数人的一种自我解脱。

事实真的是这样吗？普通人在自以为无力左右大局时，就只能选择麻木、顺从，甚至沦为“帮凶”吗？我们来看马克斯·范梅南对教育的理解，他在《教学机智》一书中说：“教育学就是迷恋他人成长的学问。”“迷恋他人成长”，简短的六个字豁然直抵教育的本质，道出了教师的崇高存在方式，以及师生之间神圣而持久的关联。这其中最值得我们思考的是“他人”，教育的本质是促进他人的成长，教师精神的最高境界是“迷恋”他人的成长。也就是说，真正的教师，迷恋的肯定不能仅是自己的利益得失，追求的肯定不能只是自己的名誉地位；真正的教师，应该具有成就“他人成长”的胸怀，并有为此而坦然接受个人之失的胸襟。简单地说，在体制之下，你若考虑的不只是自己的头衔和工资，你若能够多“迷恋”一下学生的成长，那么“平庸之恶”可以与我们无缘。

至少，我们不会再甘做“链条上的一环”，不会以“我只是链条上的一环”来搪塞自己的失责和随波逐流。

第三章
用什么样的眼睛看学生

同一个学生，用不同的眼睛来看，他有可能是笨蛋、傻瓜，也有可能是天才、神童；有可能是顽劣不化的差生，也有可能是千年难遇的另类奇才。问题的关键在于，在用什么样的眼睛看学生，是教书匠般的目光如豆，还是教育家般的深邃高远。

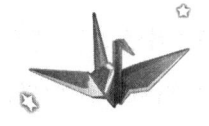

学会跟孩子说话

扫码听书

在一档儿童选秀节目上，一个五岁的女孩清唱了一段京剧，主持人开始采访她。在问过“什么时候开始学戏”“是不是每天都需要练习”等铺垫性的问题后，主持人问：“你觉得这几年的坚持有意义吗?”孩子迷茫地看着主持人，疑惑地问：“什么是坚持?”主持人想了想说：“就是说，你觉得天天很辛苦地练习唱戏值得吗?”孩子更加困惑了，小声问道：“什么是值得呢?”

我开始怀疑主持人的专业性，一个儿童节目的主持人，怎么能问孩子这么成人化的问题呢?

读小学四年级的孩子问我一道数学题：一个数字缩小到十分之一后，得到的新数字比原数字小 342，问原数字是多少? 教了多年初中数学的我，第一反应就是用方程来解决，但是马上想到小学四年级还没有学习方程，便开始列算式。对我来说，问题很简单，但是讲给孩子听的时候，我才发现自己竟然找不到合适的语言来表达我的意思。讲了多遍，孩子仍是听不懂，我的讲解和孩子的理解始终不在同一条线上。

我开始怀疑自己的能力，一个自我感觉还不错的老师，为什么不能给孩子讲清楚一道简单的数学题?

在很长一段时间里，我一直处在极度焦虑之中，很多画面会反复在我的脑海里播放：升旗仪式上，领导讲得字斟句酌，孩子们听得漫无目的；课堂上，老师讲得口若悬河，学生听得昏昏欲睡；饭桌前，家长说得滔滔不绝，孩子听得无比厌烦……在此之前，我们一直以为是孩子出了问题，叛逆、执拗、无法教化。现在想来，应该是我们丧失了与孩子对话的能力，自然也就无法走进孩子的世界。

这还不是最可怕的，最可怕的是，孩子们在长期的耳濡目染中，慢慢习惯并开始使用我们的腔调，而我们却为之陶醉叫好。

我曾经参加过一所学校的读书节活动。在开幕仪式上，一个学生代表发言，他列举了读书的三个意义：一是读书使人进步，二是读书改变命运，三是读书完善德行。发言完毕，下面是掌声一片，校长在接下来的发言中更是一再表扬某某同学对读书的意义认识深刻。事后我问校长，学生的稿子是不是老师代写的，校长马上否认说，这绝对是学生自己写的，都是学生的心里话。其实，我很希望校长说这个稿子是老师写的，学生只是代言而已，至少那样还会有希望。而诚如校长所说，那是孩子的心里话，这是多大的一种悲哀——我们的孩子失去了自己的语言。

在“第六届新东方家庭教育高峰论坛”上，马未都讲了一个自己经历的小故事。他到某小学参观，受到学校小记者的采访。一个小记者一本正经地发问：“请问马先生，您是怎么走上收藏之路的?”他感到这个孩子的提问太过“规范”，便故意回答说：“我是用脚走上收藏之路的。”孩子当时被“噎”得差点流泪，但是随后他们的交流就多了很多“孩子气”。后来，马未都一直把这作为自己最成功的一次教育经历。

有人说，马未都以自己的智慧让孩子有了一次“角色置换”的体验，你用大人的套话问我，我用孩子的语言回答你。在我看来，这不仅是智慧，更是一种为师者的责任：无论什么时候，我们都不能侵犯孩子的语言，更不能让他们沦为说空话、假话、成人话的鹦鹉，而我们需要做的很简单，那就是学会跟孩子说话，然后让孩子像孩子一样说话。

给一个值得向往的朝向

扫码听书

下面是我在教师QQ群里看到的一次讨论：

“我们班的两个学生今天偷着出去上网，一个认错，一个就是不认错，怎么处理？”

“要狠狠地批评，有错就改方为男子汉！特别要批评他不肯认错的坏毛病。”

“让孩子面壁思过吧！”

“除了罚站，你还有什么好办法？”

“你真以为自己是上帝？有的孩子，就是上帝也没有办法！”

……

一大溜的跟帖，不久抛出话题的老师又补充了一句：“他的父母虽然没有离婚，但是各有自己的生活，没有人管这个孩子，他很少能见到父母。”

某一方面有顽固问题的孩子，背后常常会有复杂的原因，有的原因甚至复杂得让我们无从下手，有的原因根本就是教育不能解决的社会问题，但我们教师却必须对这些孩子的教育效果负责，这时该怎么办？

这让我想起了曾经买过的一盆常青藤。卖花的是个老花匠，他将每盆花都做了比较精致的造型，这盆常青藤也不例外，他用几根硬铁丝做成骨架，巧妙地把藤蔓编成了一个漂亮的绿色圆球。

那天，我小心翼翼地把花搬回办公室，以后的每一天，坐在常青藤旁边发上一阵呆成了一种习惯。我发现，常青藤的生命力很强，生长的速度也很快，不几天的光景，便长出了更为细小的藤蔓，六七根的样子，看起来纤嫩柔弱。不承想，又用了几天时间，这些纤弱的藤蔓就变长、变粗，斜斜逸逸地破坏了整盆花的造型。

同事说，赶快顺着原来的造型把这些藤蔓扎起来吧。我准备好了细铁丝，开始修复它的造型。每一次缠绕，小心，再小心，总还是有嫩嫩的叶子被碰下来；细心，再细心，还是有藤蔓被折断。心中有了一份内疚，一下子便不忍再缠了，放弃了这份折腾。

何不让他们自由生长呢？我用粗粗的电线编织了一张网挂在墙上，让藤蔓顺着这张网慢慢爬上去，我为自己的创意而兴奋了好一阵子。

在开始解缠在藤蔓上的那些细软铁丝时，我才发现老花匠为了这个造型确实花了不少工夫，仅是节口上的结就有二十多个。一点点解开铁丝，却解不开已经缠绕在一起的那些藤蔓。时间太久了，这些藤蔓的相互缠绕已经无法分开。弄了一个中午，也没有理出头绪来，倒是在不断地绕来绕去时弄断了几段枝蔓。造型已经被破坏，又无法理清这些藤蔓，藤蔓乱乱地散在那张网上。我选择了放弃，不再理它们。

后来出差，好几天都没有到过办公室。数日后再回办公室，房门打开，眼前的景象让我欣喜：原本散乱的藤蔓变得有了一个大致的朝向，甚至可以说是错落有致。虽然还有些重叠，但那些纤细的藤蔓，没有扭曲，没有扣结，自然而温顺地朝着一个方向——透着阳光的窗口，努力地向上生长着，漂亮、自然……

我想，那个逃课去上网的孩子，他犯的错误及其原因，也像这株常青藤一样复杂难解，如果硬要以最快的速度让那孩子心服口服地认错，并解决他既往的问题，消除犯错的原因，不是不可能，但必定会伤了叶子，甚至藤蔓，而且其难度也是颇高的。换一种思路，就像我对这株常青藤的做法，不去纠缠孩子身上现在和既往的问题，面向未来，给孩子一个值得向往的朝向，比如一个温暖的家，一个能通过努力达成的、有意义的目标，他是不是就能够带着过往的问题，健康、阳光地成长了呢？久而久之，过往的那些问题是不是也就不需要再去解决了呢？

这是一个思路。

另外，我相信，这一些都需要时间。

被记住的权利

扫码听书

朋友说了一件很苦恼的事，他的儿子在学校里总是犯错误，时不时地他就会被老师请去“协助教育”。临放假的这一天，他的儿子又犯了一个大错误：趁老师转身在黑板上写字的空当，小家伙把一张“八戒背媳妇”的画贴在了讲桌正面，惹得全班同学哄堂大笑。自然，朋友又一次被请去“协助教育”，并按照老师的要求把孩子带回家“管理”。

朋友无奈，带孩子来找我想办法。看着安静地坐在爸爸身边的孩子，我实在是不愿意相信这是一个“小错不断”的学生。我试着和孩子说话，孩子和我的交流很到位，也很有礼貌，甚至还有些许的羞涩。当我问他为什么会在课堂上恶作剧时，他却保持了缄默。坐在一边的父亲开始插话：这小子就是这样，犯了错谁都问不出原因，越问越不说话，这也是让我们最生气的地方。

“我猜想，你做那些事就是为了让老师批评你。”看着已经开始用敌视的目光打量爸爸的孩子，我对他说。“啊！你是怎么知道的?”孩子一下子站起来，跑到我面前盯着我问。“我不仅知道这些，我还知道你为什么喜欢被老师批评，咱们一人一张纸把原因写出来，看看我说得对不对，好吗?”我递给他一张纸一支笔，带头先写起来。他稍微犹豫了一下，爽快地答应了。不一会儿，他把写好的纸条递给我，我展开一看，上面写着：“班里最有名的同学，要么学习好，要么有一样特别厉害的绝招。我学习不太好，又没有什么特长，只有靠老师的批评来提高我的知名度，哈哈!”

这孩子，果然和我想的一样：渴望被别人记住。

我们每一个人都有被别人记住的愿望，在很大程度上，这恰恰是不断前行的动力。特别是在这个个性充分张扬、思维极度多元的时代，很多人为了追求这份权利，甚至会不惜一切。多少明星大腕为了增加被人记住的可能，不惜炒作自己的隐私；多少追求出名的年轻人，不惜在选秀节目中以令人难以接受的另类做法炒作自己；多少商家为了丰厚的利润，把自己的广告做得越来越暧昧和刺激……可以说，正是为了被人记住，才会有了上面这些令人不齿的做法。更可怕的是，这些社会行为已经在不知不觉中影响到了孩子。如果我们的教育不能够关注到每一个孩子，如果我们老师每天表扬的只是那几个听话的孩子，那么我们的孩子就可能会以恶作剧的方式去吸引老师和同学的目光，这实在是一件比犯错误本身更可怕的事情。

我觉得，让孩子知道应该怎样被别人记住，才是对他最有用的“教育”。于是，我便和孩子聊起了他爸爸卖车的事情。一个月前，朋友刚刚买了新车，便把原来的旧车卖掉了。我问孩子，为什么爸爸的车马上就要卖掉了，还要把车精心洗刷、打蜡呢？孩子说，自然是为了让别人喜欢，然后卖个好价钱。我说对呀，你看只有把车打扮漂亮了才能让人关注爸爸的车，也才会有人喜欢这辆车，然后卖出个好价钱。

“你爸爸还不是做得最好的，外国有一个人卖车卖出了名，你想听吗?”我问孩子。

“想呀！快讲给我听!”此时的孩子已经和我“混熟”了，大声嚷嚷着让我快讲。

于是，我给他讲了一个小伙子卖车的故事：28 岁的瑞典小伙儿克里斯托弗·卡斯托为了把一辆 1993 年版的沃尔沃旧车卖掉，给自己的旧车拍了个视频广告。视频广告先在瑞典的视频网站上引起轰动，盛名之下，卡斯托又推出了英文版，在国外著名的视频网站上，这段“来买我的沃尔沃”视频已有超过一百万的播放次数。短短不到两分钟的视频，为什么会有这么多人关注？原来，卡斯托的视频特别高端大气，用宏大的音乐做背景，摄像镜头从各个角度展示了红色沃尔沃车从里到外的配饰和特点，幽默风趣的语言，加上浑厚低沉的男中音配音，无时不在提醒观众，这是一辆值得拥有的顶级轿车。就这样，卡斯托和他的车就都被别人记住了。

听完故事，孩子沉默了好一阵子，然后说：“你就是想告诉我，要想被人家记住，就得把自己弄成最好的呗。”我笑了，故事没有白讲，至少他知道了被人记住的前提是让人家记住自己的美好，而不是其他。

其实，我更想告诉他的是，在这个世界上人人都有追求被记住的权利，但是这个权利的行使有两个底线：一是不影响或者伤害别人，二是保持自己的尊严。

蹲成蘑菇

扫码听书

一位很年轻的班主任，很认真地问我：工作半年，遇到了各种各样的学生，我希望用自己知道的所有来引导他们，但讲了无数的道理，引用了无数的典故，却毫无作用。现在的学生好像是油盐不进，你说一句，他有十句等着你，好像他们比老师知道的还多，比成年人还要世故，我该怎么教育他们?

想了想，我也很认真地在QQ上给他讲了一个小故事：

有一个精神病人，以为自己是一只蘑菇，于是他每天都撑着一把伞蹲在房间的墙角里，不吃也不喝，像一只真正的蘑菇一样。

心理医生想了一个办法。有一天，心理医生也撑了一把伞，蹲坐在了病人的旁边。病人很奇怪地问：你是谁呀？医生回答：我也是一只蘑菇呀。病人点点头，继续做他的蘑菇。

过了一会儿，医生站了起来，在房间里走来走去，病人就问他：你不是蘑菇吗，怎么可以走来走去？医生回答说：蘑菇当然也可以走来走去啦！病人觉得有道理，就也站起来走走。

又过了一会儿，医生拿出一个汉堡包开始吃，病人又问：咦，你不是蘑菇吗，怎么可以吃东西？医生理直气壮地回答：蘑菇当然也可以吃东西呀！病人觉得很对，于是也开始吃东西。

几个星期以后，这个精神病人就能像正常人一样生活了，虽然，他还觉得自己是一只蘑菇。

借助这个故事我想告诉这位年轻班主任两点：

其一，走近学生，把自己蹲成与学生一模一样的蘑菇，才有可能与学生进行心灵的对话。其实，学生正在做的每一件事情，我们都可以在自己走过的岁月里寻找到隐隐约约的影子，叛逆、失落、困惑这些问题无一例外地也在我们的青春期上演。只不过，走过了，我们也就忘了。当我们做了教师，职业的惯性更不允许我们再回想自己的从前，于是很多人不得不收敛起曾经和过去，以师道尊严去改变学生，把自己演绎成正义的化身、仁慈的拯救者，期望以自己的“强大”来挽救学生的“弱小”。但往往我们会失败，因为我们忘记了一个事实：蘑菇是不会和大叔交心的，蘑菇只会和蘑菇说话交流。如果我们教师能够懂得一点心理学知识，利用自己小时候的淘气、顽皮与学生来一个自我释放的共情，或许会找到更多教育的切入点。比如，在与一个刚刚和别人打完架的学生交流时，劈头盖脸的轰炸或许不如“我年轻的时候也像你一样与别人干过架……”这样的开场白来得实际、有效。

其二，当一个人叛逆得一塌糊涂时，任何的训诫、指责和劝慰对于他来说都是无效的，甚至还会起到相反的作用。作为教师，恨铁不成钢大多是最直接的反应，遇到带刺的学生会有一种彻底征服的“改造欲”，也正是这种善良的错误，常常会导致学生与教师之间的冲突和矛盾。其实，我们不妨学学那位心理医生，默不作声地蹲在学生身旁，敏锐地寻找到学生给予我们的一点点契机，再一丝一毫、一点一滴地慢慢浸透学生的心灵，不渴求瞬间的教育神话，慢慢等待教育之花的自我绽放。

如果你想改变一个人，最先要做的就是改变你自己：遇到蘑菇就蹲成蘑菇，遇到白杨就站成白杨，这才是为师之道。

给爱一个适当的位置

扫码听书

几个学生在QQ上留言，先是怀念了我们共同拥有的那段日子，讲了很多平常而又值得铭记的故事，然后就是一场稀里哗啦的“悲惨”现状大倾诉。最后，他们无一例外地都表达着同一个意思，那就是无法接受现在，很想回到过去。他们说：“老师，我们一直无法忘记过去的日子，至今都不能走出来，我们期盼着再回到那段美好的记忆里。”

除了对他们同样甚至更深的怀念，我想到了以前类似的经历。

初做班主任的时候，我也经常会因为各种原因放弃一个班级而接手新的班级。每到此时，曾经的学生都会流露出深深的不愿和不舍，甚至会在很长的时间里无法从这种分离中走出来。而我，也曾经把这当作学生对我最大的肯定，甚至一度沉醉在学生这种最纯洁的依恋之中，我以为这是我全心付出的最大收获，是学生对我的馈赠，是我职业幸福的依据。

听一些优秀班主任的报告，也会有类似的情况出现。他们大多是在历数了自己的无私付出和艰难经历之后，醉心地回忆与深处学生离别时的场景。也有人，会用自己离开之后班级表现一落千丈来旁证自己的优秀，用学生无法适应新的管理来映衬自己的重要。

但今天，当看到学生的这段留言时，我却有一份自责涌上心头，并感到深深不安。隐约地记起一个故事，原文已经记不清楚，大意是：一个有着两个孩子的母亲身患绝症，自知不久就要离开人世。她深爱着自己的两个孩子，孩子更是从没有离开过她。按理说，在剩下不多的时日里，她应该加倍地给孩子以关爱，但是她却像变了个人似的，一改以往的温柔。从来都是亲手做饭的她开始让大一点的孩子自己做饭，从来都是亲手收拾家的她开始让小一点的孩子做家务，而她只是站在一边，严厉地对孩子的家务活挑三拣四，不断地数落，不断地纠正。丈夫很是不解，孩子也对她不再那么黏糊。直到去世的那天，她才对丈夫说，其实她是想让孩子尽快适应没有母亲的生活，等孩子适应了她就可以安心地走了。

其实，这位母亲的爱给我们的教育很大的启示。教师是一种职业，对学生的爱里必须要有职业的理性存在，而不是一味滥用人类的本能。对于教师来说，让学生喜欢，让学生敬慕不是我们的目的，更不应该是我们追求的人生价值。师爱的意义是让学生感受到温暖，却又不过分依赖这份温暖；享受到一段时光，却又不贪恋这份时光。师爱的价值应该是给学生一个可以继续成长的动力，而不是牵绊。

分离值得怀念，这是毋庸置疑的。但一味沉溺，长久地不能走出就是一种伤害。对于教师来说，给爱一个适当的位置，让学生能够在你的温暖之中走得更远，这才是真正的师爱。

“一直无法忘记”这样的语言太过沉重，它只能说明：我的爱还不够理性，我的管理还不够成熟，我的教育还不够理想。

分数能够说明什么

扫码听书

我和他聊了整整一个下午的时间。他是我 23 年前的学生，也就是我从高中生变成初中教师那年教的学生。

那时候，我是临时工身份，大多心思都用在如何避免别人谈及工资、学历之类的事情上，整天小心翼翼地捂着自己的伤疤过日子。教师的本职工作自然也就做得有些凑合，除了自己所教的班级分数全镇数一数二之外，很少有能够证明我是好老师的例子。不大称职的证据倒是可以找出很多，比如所带两个班级的学生能够被我记住的很少很少，能在脑子里留下清晰印象的不过三四个人。

而他，就是其中之一，也是印象最为深刻的一个。我教他们的时候，他的成绩在班里中等偏上，算不上优秀也算不上差。在那时的农村初中，这样的学生大概和倒数第一的学生会有一样的命运，毕业回家该干什么就去干什么。因为，一个班级能够考上高中或者中专的人数，从来就没有超过五个，而他很明显不在这五个人之列。但在他的身上，有一种特殊的东西吸引着我，那是一种从骨子里透出来的说不清楚的东西。我至今无法定义这种东西是什么，却在后来的教学中时时会遇到。这种东西很奇特，可以让你从一群人中，一眼看出他的不同。

我们聊那时候的一些趣事，很多相互并不知道的情况在不知不觉中变得明晰起来。比如，我当时感觉他的家庭情况应该好于其他学生，因为他的衣服虽然简单但时时保持着朴素的干净，他却告诉我他的家庭其实很一般，他那个时候就想着总有一天要给一家人以幸福和尊严，所以他要做和别人不一样的人。他谈了很多我离开他们以后的事情，他的一路摸爬滚打，他是怎样创造和抓住一切可能的机会，他是怎样坚守着人的尊严和荣誉，他是怎样一点点让生活的门缝里透过了丰富的阳光……

最后，他聊到了自己安逸富足的生活，自己的爱人和孩子，稳定的工作和在中层岗位上正在继续着的努力。他还提到了一些同学，一些我几乎连名字都记不起来的同学：学习最好的谁谁，在中专毕业后有了一份工作，却在政策的更迭与变化中把生活弄得一团糟；上学时就有些小毛病的某某，至今还没有一个稳定的生活，几乎到了生活的边缘……在他的讲述中，这些学生的影子也开始在我的脑海中一点点清晰起来。其实，不仅是他们，这些年的教书生活中，哪个班的学生不是在重复着这群孩子的生活轨迹——学习好的，我们以为他们会有一个幸福的未来，但往往未必如此；学习不好的，我们以为他们会一生劳碌不安，但有时也会出乎我们的预料。

对于学生，当老师的往往习惯用分数来预测他们的明天，却犯了一个很简单的错误：分数只是无数个可以衡量学生的指标之一，我们却拿它来标注学生的全部；分数只是支撑学生生命的一根藤条，我们却把它视作命运的脊梁。

更何况，只有在学生时代，分数才有可能成为一种标签被使用。在漫长的人生旅途中，它能够说明什么？又能够成为什么？毕竟，只有健康的身体、阳光的心态以及正直的人格等等，才能真正伴随人的一生，并终会决定人的一生。

及格还是出色

扫码听书

同学的孩子读小学四年级，成绩特别好。每次见了面，同学总免不了见缝插针地炫耀一番——参加了几个特长班，报了几个辅导班，又考了几个第一，等等。这回，他拿出孩子的《成长报告册》给我们看老师表扬孩子的评语：“通过你坚持不懈的努力，你再一次取得了优秀的成绩，这与你的刻苦学习、顽强拼搏是分不开的，希望你继续保持高昂的斗志、坚强的毅力，争取更好的成绩。”

我愕然。

这简直就是20世纪七八十年代的学生评语，在强调素质教育的今天，竟然还有老师在写这种“革命斗志”式的评语，而且还有家长把它拿出来炫耀。

我无语。

小时候，为了摆脱面朝黄土背朝天的农村生活，在父辈们“吃得苦中苦，方为人上人”的叮嘱下，我们的求学之路一向是以“刻苦”为标杆的。“书山有路勤为径，学海无涯苦作舟”“宝剑锋从磨砺出，梅花香自苦寒来”等名言警句往往就是同学之间相互鼓励的经典语录。因为我们知道，无论喜欢与否，只有“刻苦学习”才能换来“公家饭”“国库粮”，才能跳出农村、脱胎换骨。

读书改变命运，在那个时候是一个很现实的命题，当然这个“命运”

是狭隘的，与生命的内涵无关，改变的无非就是生活的方式——在鄙陋的乡间还是繁华的都市，是“汗滴禾下土”还是“宝马雕车香满路”，仅此而已。说到底，还是宣传一种“书中自有颜如玉，书中自有黄金屋”的思想。

苏联的一位将军诗人曾经写过这样一首小诗：鸟儿死去的时候 / 它身上疲倦的子弹也在哭泣 / 那子弹和鸟儿一样 / 它唯一的希望也是飞翔。

这首诗没有题目，在我看来应该是在探讨一种悲伤的相遇。在读到这首诗之前，我一直以为相遇是一种美好，千载机缘，一日相见，该是一种怎样的欣喜与幸福。没有想到，相遇也可以成为一种痛苦，就像子弹的发射和小鸟的飞行，一旦相遇，就是最大的苦难。

其实，教育何尝不是一次相遇。那么多的心灵从四面八方赶来簇拥在一起，本身就是最温暖的依偎和相遇。这本该是一种怎样的美好：在简单而温馨、纯粹而神圣中，彼此温暖、相互成就。但现实呢？总有一种东西让师生之间筑起一道厚厚的屏障，令他们都在付出，都在痛苦，却无从逾越；总有一股力量操纵着课堂，操纵着教育，让师生在相遇中互相折磨，互相耗尽。这种东西，就是嵌在教育骨子里的那份功利。

社会发展到了今天，教育已不能再把“刻苦”作为学生素养。因为“苦读”的目标是功利的，“苦读”的实质是“不得已而为之”，“苦读”的支撑点是毅力。让一个儿童依靠毅力走完十几年的读书生涯，既不现实，也不人道。

据说，弓箭的弦在长期不用时应该拿下来，因为长期拉满的弦会慢慢失去韧性，从而导致弓箭射程的大幅度缩减。

那么，一个儿童的毅力又能够抻多久？

放假时学生的欢呼雀跃，开学前学生的焦虑与不安，都在说明学生已经把上学看成了一份苦差。这里面缺少的是学习的兴趣，没有了兴趣，就没有了向往，没有了向往，学习当然就成了负担，成了痛苦。

著名学者钱理群教授在回顾读书生活时说："做任何事，刻苦的结语常常是两个字——及格；兴趣的结语常常也是两个字——出色。"

教育的目的是及格还是出色，就在于我们。

没有理由放弃对人的关注

扫码听书

一位家长告诉一家媒体记者，她的孩子在一所小学上三年级，早就听说老师要在学校礼堂给全区的老师上公开课，孩子和同学们都盼望着这个日子的到来，可以在课上好好表现一下。但是，在讲课的前一天晚上，孩子回到家后，一声不吭，没有一点儿即将上课的兴奋。作为母亲的她还提醒孩子，赶紧再看看书，明天老师要是提问到别答不出来。没想到，孩子听了她的话，一下子难过起来。再三追问，孩子才告诉她，第二天的课有 10 名同学不能参加，自己就是其中之一。孩子觉得是因为自己学习不好才没有资格参加这次公开课，心里特别失望，一度不想去上学。作为家长，她提出了自己的质疑：老师上公开课为什么不能让班里的全体同学都参加，不都是同一个班的学生吗？老师做出这样的安排时，是否考虑到没能上课的孩子的心情？

其实这样的情况在中小学里并不罕见，有些老师在参加比较“重要”的讲课活动时，为了让讲课能够进行得更顺利，往往会选择一些学习成绩好、表现欲强的乖孩子参加，而把那些学习成绩差、不会配合老师的学生留在教室上自习。与之类似的现象还有很多：本该是全校师生共同参与的艺术节，只有几个艺术苗子在舞台上进行表演，绝大多数学生只能做观众，甚至连观众也做不成；本该是面向全体教师的表彰活动，能够参与的大都是学科教师，特别是所谓的主课教师，后勤人员往往会被有意无意地排除在外；为了应对上级部门的教学质量检测，被抽测班级的“差生”时不时地“被请假”“被生病”……这些非教育行为，无非是在设法维护教育利益的最大化：公开课的优评，讲课比赛的一等奖，主课教师带出来的高升学率，去掉小尾巴后的高优秀率和及格率。这种单纯追求利益的行为，不仅有悖教育常识，更是对众多生命和灵魂的不尊重、不负责。

在我看来，一堂课，如果能够让一个自卑的孩子信心满满，让一个笨拙的孩子顺利读完一段话，让一个不愿意开口的孩子回答了问题，即使没有做到天衣无缝的表面完满，也可以算是成功的课；一个教师，即使不能为学校带来多高的升学率，不能马上为学校挣得荣誉，只要在自己的岗位上努力了、尽心了，他的付出就应该得到我们的尊重和欣赏；一个学生，他的成绩可能拖了班级成绩的后腿，他的行为可能不够尽善尽美，他的言行可能不招你喜欢，但是他一旦踏进了你的教室、你的学校，他就是你的学生，不可回避，也无法推诿。我们要做的，就是尊重他们的付出，尊重他们的存在，尊重他们每个人。

好莱坞影星金·凯瑞主演的影片《一个头两个大》深受好评，尤其是片尾的一个细节，更是让人津津乐道。在电影结束时，银幕上闪出一段话：下面映出的是影片制作时被删掉的镜头，我们在向这些演员致歉的同时，也请观众记住他们的名字，记住他们为影片所做的贡献。这些演员其实多数是群众演员，他们中有天真可爱的小孩、鹤发童颜的老人、威武健壮的警察、风情万种的街头美女……这种做法真的令人难以置信，向来以追求情节紧凑，力求最大商业利益的好莱坞制片方，竟然愿意留出长达5分钟的时间，专门介绍这些一闪而过，最后被删掉的小人物。

完全有理由彻底追求商业利益的影视业，都能不忘记把对人的尊重放在第一位，我们所从事的以不断完善人的灵魂为业的教育，还能有什么理由放弃对人的关注和关照呢？

教育的作用到底有多大

扫码听书

每到一个地方讲完课，我的邮箱里就会挤满老师们的来信，大多是讲教育中的困惑。而这些困惑之中，最常见的是一些特殊学生的教育问题。一位老师说：王老师，我们班有一个学生学习很努力，也遵守纪律，但就是成绩提高不上去。我给他开过小灶，也加班辅导过无数次，还让他的父母在周末给他报了辅导班，但都没有什么效果。你说我得用什么办法才能把他的成绩提高上去？

我说，为什么一定要把成绩提高上去？为什么一定可以把成绩提高上去？他已经很努力了，也没有违反纪律，更无妨碍别人的行为。如果说他有错的话，错就错在他没有达到我们为他划定的那个成绩目标。但，那未必是他的错误，或许错的是我们。

细想一下，我们一直为之努力的教育目标，其实只是千方百计地把孩子变成我们希望的那样而已。在这样的目标驱使下，我们很可能就忘了顾及孩子之间的差异，不仅一厢情愿地为他们划定了一个相同的目标，还自以为是地认为他们一定可以达到，并会通过我们坚定的努力，让他们必须达到。所以，就有了那么多以分数来划定的“差生”，而我们丝毫没有想到，这对他们来说是不公平的——或许，他们没有获得分数的超能力，但并不意味着他们没有良好的道德素质、较好的音乐潜能以及所有能够让人诗意存在的成长要素。

其实，教育并没有再造的功能，既不能让学生平白无故地滋生智慧，也不能把固有的短板一下拉得很长，所以教育只能慢慢来。

有一次，与一个同事闲聊，提及以前我做班主任时处理的一次师生冲突。当时，我班的一个学生与一位老师在升旗仪式上发生了激烈的冲突，并有了肢体上的摩擦。同事说："那时候我们都在'看'你怎么对待这个学生，本以为你会雷霆大怒，呵斥那个学生。但是我们看到的，却是你与学生冷静的交流，还有耐心的劝说。"她很好奇，问我为什么能够那么坦然地面对这样的恶性事件。我说，因为我明白教育的作用，知道在那个时候，无论我使用什么样的教育手段都不可能一下子改变这个学生，即使是大声地斥责、恐吓也不行，我唯一的选择就是慢慢来，发现教育点，再一步步地走下去。

再细想一下，教育里的很多困惑与痛苦无不是因为"教者"的愿望与学生的实际相差甚远而来。我们渴望班里的每一个孩子都能考高分，而事实上总会有人拖后腿；我们渴望每一个男生都彬彬有礼，每一个女生都娴静优雅，但事实上总会有顽劣的小子、执拗的姑娘……理想与现实距离这么远，我们却又不得不承担自己的、家长的、学校的越来越重的压力，这个时候如果我们不能够清醒地看待教育，那么粗暴、冲突，甚至悲剧就在所难免。

很多人认为，没有教不了的孩子；很多人以为，每一个孩子的未来都会朝着我们的指向发展。其实，我们错了，教育没有那么多的义务，教育也没有那么大的作用。教育无非就是一个发现的过程，发现每一个孩子的特质，让美好的更加美好；发现每一个孩子的弱点，并尽可能地让孩子意识到自己的不足。

无论什么时候，我们都必须认真思考这样一个问题：教育的作用到底有多大？这个问题并不好回答。但可以肯定的是，教育是一个可以努力但不能苛求的事业，这是一个健康的社会对教育应有的宽容。

让教育多一份诗性与美好

扫码听书

我为一所学校的学生讲心理健康课，其中有这样一个游戏活动：有一天，你带着小白兔、大象、猴子、老虎和狗共5只动物去原始森林探险，为了能顺利穿越森林，种种困难使你不得不先后放弃这些动物，你会如何抉择？请了几个学生发言，他们都选择了在第一次时就抛弃小白兔，理由是——虽然小白兔很可爱，自己也很喜欢，但是它对自己没有用，不能帮自己完成任务。其实这个游戏来自国外的儿童教育训练教材，国外的孩子做选择的时候，有很大一部分给出的理由是哪个最能适应丛林生活就抛弃谁，最后带走的是最弱小的小白兔。

"有用"和"无用"成为孩子取舍的标准，这是教育的工具性在他们身上的投射。如果你问一个孩子上学有什么用，回答一定是考大学、读研究生，然后当工程师、科学家；如果你问老师上课应该做什么，那么回答一定是抓重点、破难点、练考点，然后就是得高分、拿荣誉、晋职称；如果你问家长最希望孩子得到什么，那回答一定是上重点小学、重点中学、重点大学，然后就是光宗耀祖、扬眉吐气；如果你问一个校长最值得炫耀的是什么，那回答一定是重点大学进线多少、211拿下几家，然后就是名师、名校友，如数家珍。

这种实用而具体的教育目标，导致我们的教育越来越功利。在教育的参与者看来，教育就是一个获取利益的工具，教育的一切行为都应该是为了得到什么，没有现实收益的教育是无人去做的。所以才有了考什么教什么、考什么学什么的现象，一切与分数无关的教育才会无一例外地被排除在教学计划之外。在这种狭隘的教育目的驱使下，学生所有的学习行为只是为了“分数”而打拼，什么“位卑未敢忘忧国”的博大胸怀，什么“兼济天下”的凌云壮志，什么“为中华之崛起而读书”的爱国情怀，或许只能在升旗仪式上作为国旗下的讲话念念而已。那种发自内心的责任感和使命感，在今天已经越来越淡漠，越来越不被关注。

《礼记·大学》中有这样一段文字：“古之欲明明德于天下者，先治其国；欲治其国者，先齐其家；欲齐其家者，先修其身；欲修其身者，先正其心……心正而后身修，身修而后家齐，家齐而后国治，国治而后天下平。”可见，古人早就已经把“正心、修身、齐家、治国、平天下”这样的人生理想作为教育目的，懂得把个人命运与国家命运紧紧联系在一起。与此相比，我们所谓的升学教育、精英教育只能是干瘪的、没有灵性的分数教育。

哈佛大学50周年校庆时，曾有人问学校最值得自豪的是什么，校长回答：“哈佛最引以为豪的不是培养了6位总统、36位诺贝尔奖获得者，而是给予每个学生充分的选择机会和发展空间，让每一颗金子都闪闪发光。”这样的教育，才是真正有灵魂的教育——温润而富有诗性。

只要我们少一些“有用”与“无用”的粗暴取舍，少一些只重结果、不看过程的急功近利，教师的身上就会多一些诗意和从容，孩子的生命就会多一些生动和活力，教育也才能多一份诗性与美好。

用什么样的眼睛看学生

扫码听书

一个老师和家长发生了矛盾，起因很简单，学生在数学测验中又不及格，老师盛怒之下脱口而出“你真是笨蛋”。学生家长知道后很不高兴，找到老师理论，讲了一大堆孩子的优点，并说孩子是个人见人夸的宝贝，埋怨老师“门缝里看人”。老师对家长“护犊子”的行为非常反感，家长则对老师的“笨蛋”评价不依不饶，双方闹得不可开交。

其实，这场纷争的主要原因在于老师和家长看待孩子的角度不同：在老师看来，一个学生每次考试都不及格，时时拖班级成绩的后腿，从获取分数的能力上来看，就是一个十足的笨蛋；而在家长看来，孩子在家里是个听话的孩子，能帮父母做家务，对亲戚朋友有礼貌，实在是一个值得家长骄傲的孩子。

站在各自的立场，老师和家长似乎都没有错，毕竟人总是习惯于以自己的偏好进行某种意义上的判断。前不久，某知名电视台的“与经典亲密接触”节目，邀请了部分文化名人就“如何阅读经典”谈建议。漫画家的建议是读连环画，图文并茂，印象深刻；作家的建议是读文学原著，通过文字发现感悟作品的真情善意和美好；影视家的建议是观赏视频，看得有趣，看得轻松……同样是专家，不同的专业领域让他们有了不同的眼光，对同一件事情自然也就有了不同的看法。

有一个年轻人，拜在一位贤者门下，希望师父能教他认识人生的真谛。一日，师父拿出一块石头交给他，对他说："你拿这块石头到菜市场去估价，只了解它的价格，不要真的卖掉它。"在菜市场里，有两个人想买这块石头。一个人出价 10 元，一个人出价 20 元；第一个是要买回去做秤锤，第二个是要买回去做磨刀石。弟子把石头带回去，对师父说："师父呀，这个石头有人出价 20 元。"师父又叫他把石头带到玉石市场去，并叮嘱只了解它的价格，不要真的卖掉它。在玉石市场，有人出价到 5 万元，因为那石头看起来非常稀有。弟子把石头带回来，报告师父："师父呀，这个石头有人出价 5 万元呀！"师父说："好，你现在把这块石头带到钻石市场去，只估量它的价格，不要真的卖掉它。"一会儿，弟子欣喜若狂地跑回来报告师父："听钻石市场的人说，这是一块最完美的钻石，有人开价 500 万元！"师父说："这是不是最完美的钻石并不重要，关键是你怎样看它。"弟子听后，顿时开悟！

这是一个听来的故事。在很多文章中这个故事被用来激励年轻人要相信自己的价值，只有自己相信自己了，才有可能得到别人的认可。我并不想重复这个观点，换一个角度来看这个故事，我们可以得到这样的启示：同样一块石头，在不同人的眼睛里，价格的差异竟然如此之大，从 10 元、20 元，到 5 万、500 万，导致这个差异的，一定不是石头，而是看石头的眼睛。也就是说，用菜市场的眼睛、玉市场的眼睛和钻石市场的眼睛看到的价值是完全不同的。

故事虽然不是现实，但是我们做教师的却可以从中读到需要汲取的东西：同一个学生，用不同的眼睛来看，他就有可能是笨蛋、傻瓜，也有可能是天才、神童；有可能是顽劣不化的差生，也有可能是千年难遇的另类奇才。问题的关键在于，在用什么样的眼睛看学生，是教书匠般的目光如豆，还是教育家般的深邃高远。

放下，才能走得更远

扫码听书

一个博友在我的博客《用什么样的眼睛看学生》一文后面连续留下了三个评论，我想就这三个评论谈一下自己的想法。

第一个评论：紧跟的抽考如何看待？

这位博友应该是一位小学老师，他的意思是说，期末到了，紧跟着就会有抽考，而抽考的结果一定会用来考核学校，学校自然就会用考试来考核老师，老师自然就只能用分数来衡量学生。他最终要表达的意思就是：因为考试，老师们才会用分数的眼睛来看待学生，考试是罪魁祸首。

第二个评论：这与现行的评价制度有关系，一味在老师身上找原因是解决不了根本问题的，也不是老师的一个“懂”就能根本解决的。

这是很多老师都会有的一种想法。我们知道“尺有所短，寸有所长”的道理，也知道分数未必就能够代表学生的未来，但是中考要分数，高考要分数，现行的评价制度将分数作为标准，单靠老师的力量是解决不了任何问题的。换句话说，要想彻底改变应试教育，就只能先推翻现有的评价制度。

第三个评论：现行的制度下，教育已经是戴着镣铐跳舞，又有多少老师能够做到置身“势”外？

“不苛求体制下的成功”是我经常说起的一种教育生活心态，意思是说对于体制下的种种评价，不能太过于苛求。一个教师，如果能够依靠内在的自我认可来做教育，可能会更从容，更能接近教育的本质。这位朋友的这句话是想告诉我们，对于教师来说最大的追求还是获得体制的认可和肯定，自由的精神只能臣服于僵硬的社会现实。

这三个评论连在一起，我们就能够读到绝大多数老师的一种态度：我们的评价方式是考试，我们的评价标准是分数，我们的教育生活始终带着应试教育的镣铐，我们的心里比谁都明白教育的真正意义，但是我们别无选择。

犹如一个头脑清醒的人，被挟持着走向万丈深渊，这是一种怎样的沉重和悲哀。但是，值得我们思考的是：到底是谁挟持了我们？是考试？是分数？是倒数第一的尴尬？是鲜花和掌声的诱惑？我觉得这些都不是，挟持我们的恰恰是我们自己，是我们对功利的过分追求。

20世纪，世界上有两个著名枪王，一个是苏联的卡拉什尼科夫，一个是美国的尤金·斯通纳。斯通纳为自己的发明申请了专利，军工厂每生产一把步枪就得付给他1美元专利费。因此，他积累了大量的财富，生活也变得奢侈，最终因为饮酒纵欲过度而早早去世。而卡拉什尼科夫则不同，他既不申请专利，也不想着用造枪技术去赚取财富，依旧过着清贫的生活。2009年11月10日，时任俄罗斯总统梅德韦杰夫授予卡拉什尼科夫“俄罗斯英雄”勋章，当问及其长寿的秘诀时，这位年高德勋的枪王说：“生命如同一趟旅程，只有肩上的行囊轻了，才能走得更远些。而要做到这一点，你就得放下许多不必要的东西。”

其实，对于老师来说何尝不是如此，如果你想在教育的旅途中走得远一些，也需要放下很多不必要的东西。

为什么学不会

扫码听书

一位青年教师找我诉苦说，现在的学生真是越来越笨了，一个很简单的问题，讲上十遍八遍仍然听不懂，就算是手把手地教也学不会，你说这是怎么回事？

我说，学生怎么会越来越笨，应该是越来越聪明才对。你看，很多操作复杂的电子产品，咱们看着说明书琢磨半天也未必能弄明白，但是交到学生手里，不一会儿的工夫就可以操作得很熟练。看起来，应该是他们比我们聪明才对。

这个青年教师说，也是！别看这些学生学习不行，要是干点无用的事倒是比谁都聪明。那你说他们为什么能弄懂那些复杂的东西却不会做最简单的考试题呢？

我说，他们未必是学不会，我给你举个简单的例子：加工一个零件，只要有车床和操作熟练的技术工人就可以了，不需要考虑待加工的那块铁是不是愿意，是不是同意。若是让孩子吃饭，不管你做的饭多么诱人，看起来多么香甜，只要孩子不愿意吃，你就喂不到他嘴里几口。原因在哪里？前一个问题面对的是物，是可以被动加工的东西；后一个问题面对的是人，是有想法、有选择能力的生命。所以，要想让他们学会，不是我们愿意就行，问题的关键在于他们愿不愿意学。

对于大多数学生来说，他们的学习困难并不在于“学不会”，而在于他们“不愿学”。产生这种厌学情绪的主要原因有两个：一是“摁着牛头吃草式”的教学，二是“杀鸡取卵式”的管理。

“摁着牛头吃草”是我们教师常犯的错误。很多老师喜欢把问题一遍遍讲给学生听，喜欢逼着学生做一套套的练习题，恨不得把自己知道的东西都塞到学生的头脑里，却很少去考虑学生愿不愿意、肯不肯接受。其实，中小学学习的知识并不很难，只要学生愿意去学，不会存在学不会的问题。对于大多数“笨”学生来说，他们之所以“油盐不进”，是因为他们不想、不愿、不喜欢学习。只要学生对学习持有了排斥心态，那么无论教师如何负责，教学水平如何高，都不可能把知识“灌进”他们的头脑里。

“杀鸡取卵”是教育管理者常犯的错误。为了追求即时的效益和政绩，很多管理者不惜违背教育原则，把教育窄化为教学，教学窄化为课堂，课堂窄化为某种流程，进而形成一种模式，硬生生地把育人这种生动的、灵性的艺术演变成了冰冷的工业流水线，并期望以工业加工的形式完成对人的塑造和教育。在这种理念下，管理者很容易把教师看成企业工人，过分地强调教学技能和技巧的培训，过分地关注教学成绩的毫厘之差，最终是把教师培养成了合格的流水线工人，在规定了严格流程的课堂上进行着熟练工式的工作。为了提高自己的“生产”效益，教师自然是更加简化“生产程序”，把冰冷的教学和生硬的灌输作为主要的工作方法，最终受害的还是我们的学生。

其实，教育应该是生命之间的一种相互交融和相互影响，让学生拥有向前的信仰、追求的激情以及主动探寻的动力才是教育的根本。对于学生来讲，只要解决了“愿意学”的问题，知识的接受和消化就成了自然而然的事情；对于教育来讲，只有摒弃那种纯教学的观念，让人性参与到教育之中，才有可能实现真正的教育。因为，世界上没有一种教育是靠纯粹的教学来完成的，更没有哪种成功能够靠别人的逼迫来实现。

遇到就是一种幸运

扫码听书

每到开学季，接手新班级的班主任总会祈祷自己命好一点，能够分一班好一点的学生；当班主任的，每当累了烦了总免不了要发些牢骚，咱这命可真苦，遇到了这么一伙糟糕透顶的学生；坐在一起闲聊，也总是羡慕别人怎么那么走运，班里竟然没有一个调皮捣蛋的学生……我们似乎总是在期盼多一些美好，少一些麻烦。但往往事与愿违，没有人能每一次都得到足够的幸运。

孟子认为，“得天下英才而教育之”是人生三乐之一。当班主任的，容易把这句话理解得无比狭隘。总觉得“得天下英才”，就是把天下的好学生都弄到自己麾下，然后与捡了一批混蛋学生的同事们竞争，再笑呵呵地看别人跟在自己屁股后面的狼狈相。简单地以为，这就是班主任的乐趣。

所以，很多班主任就把心思放在“得天下英才”上了，怎么撵走班里的“害群之马”，怎么从别人手里抢过来一棵好苗子，怎么在分班的时候扒拉出一个好学生，这些倒成了他们津津乐道、乐此不疲的；却忘记了“教育之”这三个字，忘记了教师的本分，忘记了班主任的职业良心。

美国教育学者帕克·帕尔默说：“所有真实的生活在于相遇，教学就是无止境的相遇。”你看，说得多好。我们生活在这个世界上，生命存在的每一天，都在经历一个个的相遇。今天一出门，你会遇见什么，无法预料，也无法选择，更无法回避。我们唯一能够做的就是为相遇而欣喜、懊恼、愤怒。真心实意地与每一次相遇打个招呼，不管你是不是痛快，是不是愿意。师生之间说到底也是一种相遇，一种纯粹的偶然相遇。一个学生，在自己的求学生涯中遇到什么样的老师，遇到什么样的班主任，根本无法预知；一个老师，在自己的教育生涯中遇到什么样的学生，遇到什么样的班级，更是无从知道。

你看，教育就是这样一种相遇，偶然而且频繁。偶然，是说每一次的相遇会是怎样的场景，会展开怎样的行程，会有怎样的结局，都不在我们的想象之中；频繁，是说这样的相遇会在每一时、每一刻发生，不会间断，不会停止。

也就是说，教育容不得你选择，也无法选择。对于一个优秀的班主任来说，最值得我们学习的就是接受。不管碰到了什么，不管遇到了什么，都可以坦然面对，并把相遇中的每一个沟沟坎坎都看成是命运的恩赐。摊上调皮捣蛋的学生，不仅要接受，还要认真去想想他们可能带给你的益处：他们不听你的摆布，可以让你时刻保持管理者的清醒；他们频频挑战你的权威，可以让你时时不忘提高自己的能力；他们屡生事端，可以锻炼你解决问题的本事……其实他们就是放入你教育生命里的一条鲶鱼，只不过搅动的不是一船的沙丁鱼，而是你固有的那些惰性和倦怠，让你的教育永远不会因缺氧而窒息。

一个有追求的医生，会欣然接受疑难杂症患者的求助，以提高自己的医术。一个有追求的班主任，遇到顽劣的学生，其实是一种幸运，最终的结果，也许不是你挽救了他，而是他成全了你。所以我说，不管前方是什么，遇到就是一种幸运。

第四章
我们应该怎样爱学生

教育培养的应该是社会人，我们能够给予学生的就是让他们尽快融入社会的能力。我们不是在培育粉丝，不是在强化某种个人崇拜，我们不可能让学生一辈子生活在教师的影子里。在我看来，把学生培养成一个独立、自信，具有极强的社会适应性，时时都能够信任自己的人，才是最适合孩子的教育。

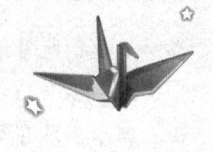

我们应该怎样爱学生

扫码听书

在一次班主任工作论坛中，两位班主任都提到了自己对学生偷盗行为的处理，这引发了我的深刻思考。

班主任 A 在论坛中分享了这样一个案例：学生宿舍里经常发生丢失钱物的事情，在学生缴纳伙食费的前一天晚上，学生小娜的 200 元钱不见了。因为数额较大，这件事让整个宿舍的同学都感到了压力，人人都成了被怀疑的对象。班主任在费了一番力气后，终于找到了“小偷”的踪影——一个学习成绩还不错的女生。思索良久，班主任掏出了自己的 200 元钱，谎称是在小娜的床底下发现的，并宣布“盗窃”事件是一场虚惊。据班主任说，那时候，全班同学心情一下子变得轻松起来，偷钱的女生深深地低下了头。再后来，那个宿舍再也没有发生过偷盗事件，那个女生也变得开朗大方起来，学习成绩有了很大的进步。

班主任 B 也遇到了同样的问题：交书费那天，学生小勇把钱放在文具盒中便去上课间操了，等回来的时候，发现自己的 200 多元钱不见了，老师也是在一番努力后发现了盗窃者。在和学生做过深入沟通后，老师严厉指出了学生的错误做法，但答应替学生守住秘密。不同的是，老师并没有到此为止，而是先让学生悄悄返还了本次偷盗的钱物，然后统计了这个学生以前偷盗的钱数。因为以前偷的钱都已被学生花掉，这个老师便要求学生制订一个还款计划，并一起协商、拟定通过捡拾饮料瓶等方法筹钱还“债”。在老师的帮助和监督下，这个学生利用很长时间，付出了很多辛苦才赚到了需要偿还的钱款。据班主任B说，他之所以要让学生通过自己的劳动来偿还自己的过失，就是要让学生明白一个道理：永远不要去拿不属于自己的东西。

从这两个案例我们不难看出，班主任A采用的是“怀柔”政策，是用自己的爱心来打动、感化学生，让学生在师爱的“温柔”中渐渐融化坚冰。我相信，这种美好的教育愿景在适合的地方、适合的时间和适合的人身上，在老师的爱足够真切、足够真诚的情况下或许有可能实现。但是，这种“怀柔”教育一定不具备普适性和普遍意义，在大多数有偷盗行为的学生身上，类似的做法未必会有积极的作用。相比较而言，班主任B的做法更趋近于理性之爱。他同样爱自己的学生，不作声张的目的就是保护好学生的尊严，这足以说明他对学生的爱护之心。至于让学生通过自己的劳动来弥补过失的教育方式，也比简单的感化更具有实际意义。

读到苏霍姆林斯基的一则案例之前，我一直推崇班主任B的做法，并欣赏他的理性之爱，认为这是处理此类事件的最佳方式。

在《要相信孩子》一书中，苏霍姆林斯基完整地呈现了教师对一个有盗窃行为孩子的教育过程。维佳是一个有过多次盗窃行为的孩子，有一次，维佳又偷了别人的冰鞋，教师发现后让维佳悄悄返还了冰鞋，并让维佳参加学校的滑冰比赛。维佳在比赛中名列前茅，得到了这次比赛的奖品——一双崭新的冰鞋。教师又创造机会让维佳和比自己年龄小的男孩在一起滑冰，当维佳发现那个男孩十分喜欢自己的冰鞋时，主动提议：两人平分冰鞋，一人一只。小男孩十分高兴，维佳却有些后悔了。正当维佳为刚才的冲动感到伤心时，老师走过来劝维佳把另一只冰鞋也送给小男孩。维佳很伤心，甚至大哭起来，但老师装作没看见似的，坚持劝说维佳送出另一只冰鞋。后来，老师开始帮助维佳培养其他的兴趣，使他以后再与小男孩一起滑冰时，慢慢不会因看到冰鞋而难受。老师还教育维佳用暑假劳动挣来的钱去买书、衣服和玩具，不仅自己用，也送给那个小男孩。从那以后，维佳再也没有偷过东西。

在这个案例中，教师在维佳的精神世界里培养了一种人生信念：喜欢的东西，要用自己的劳动去获得；美好的东西，如果与别人分享会得到更大的幸福和快乐。这其中表达的教育境界有三层：一是教师要严厉禁止学生偷窃别人的东西，二是教师要帮助学生知道怎样获得自己想要的东西，三是教师要引导学生学会分享生命中的美好。至此，我才真正领略到了一种基于生命成长的专业之爱。

爱是教育的永恒主题，无论什么时候，爱都是教育的必须和必需。但是，怎样的爱才是真正的爱，才是适合于学生和教育的爱，却是一个值得我们时时思考的话题。我想，这三个教育案例足以告诉我们：在很多时候，我们并不会爱学生，至少爱得不够专业。

听听学生是怎么想的

扫码听书

在一个教师QQ群里，有一位老师发了这样一段文字：

> 学校举行广播操比赛，班上有一个学生是脑炎后遗症，手脚都不灵便，并且腿瘸得特别厉害，做操完全不能做到位。请问，他可不可以参加广播操比赛？

消息一出，马上吸引了很多老师参与讨论，主要观点有两个：一是让这个学生参加，因为他是班上的一员，不让他参加比赛实际上就是对他的歧视，会加重他对残疾问题的“心病”；二是不让这个学生参加，因为他的腿脚不便，他的动作可能会引来一些异样的目光和旁观者的嘲笑，对他来说参加比赛是一种打击，会对他的心灵造成伤害。应该说，这两个观点都是建立在对学生的尊重之上的，目的都是保护学生的自尊，无论让他参加还是不让他参加，老师们的这种善良和爱心都值得肯定。但是有一个问题很值得我们思考，这个学生是不是要参加课间操比赛，到底应该由谁来决定？因为这个问题并不是个案，对他参赛事件的处理实则是对一类教育问题的探索。

我们可以看出来，这两个观点无论是结果还是依据都是建立在老师的经验之上的。让学生参加，老师凭经验觉得学生的怪异动作会引起不必要的关注，学生可能会因心理脆弱承受不起这样的打击；不让学生参加，老师又会觉得这是明显的排斥，学生可能会因资格被剥夺而抑郁不已。这样的经验判断最大的缺陷就在于是我们在猜测、在推断、在“决断”一个学生，而没有被决断学生的参与和声音。如果我们把这件事的背景略加分析就可以看出，学生参加与不参加比赛，学校都可以允许，班主任也不会去计较班级比赛成绩的得失。也就是说，参加与否完全可以由学生自己来决定。既然如此，那么我们何不让他自己来选择呢？在没有听到他的声音之前，所有对他感受的判断都是我们自己的假想，都是我们自己的“以为”，都不应该成为我们实施教育实践的依据。在残疾事实所有人都知晓的情况下，任何小心翼翼的回避和不忍都有可能成为教育的罪过，让学生尝试坦然面对，用平等的姿态去和学生做一次彼此坦诚的沟通，这或许才是对学生最轻的伤害，或者说这种伤害是成长的必须。

从这件事中我们可以看出来，教师群体中普遍存在的“无意之过”：

一是“好心办坏事”，本意是为了帮助学生、爱学生，却因为方式不当或“欠考虑”而伤害了学生。比如，对贫困学生的高调捐助、对学困生的留校辅导等等。

二是“自我经验误读教育”，因为工作了几年，自以为经验颇丰，处理起问题来凭经验、少用心而让教育失真，从而产生失误。前面提到的“替学生做决定”，在某种意义上来说就是这一类失误。

三是“名家经验误导教育”，一些善于学习的老师，往往过于尊崇名家的教育经验且过分注重方法上的借鉴。讨论过程中，很多老师都提及某篇课文就写了这样一件事，并坚定地认为那就是最好的方法。其实，某种教育方法的成功，往往局限于一事、一时、一人、一地，直接移植名家做法有时会适得其反。

至此，我们总算理清了这件事情的关键：我们最应该讨论的不是

“是否参加比赛”，而是由谁来决定“是否参加比赛”。其实，教育一定不会有一个公式可以套用，也不会有亘古不变的法则可以参考。学生是一个独立的个体，每一个人都会有自己的思考和行为方式。我们觉得他不能够承受的，也许恰是他愿意坚持的；我们感觉他不能做到的，也许恰是他最愿意尝试的。

学生的心是不能用来判断的，也不可以通过论证来演算清楚，我们唯一可以做的就是听听学生自己是怎么想的，这才是最好的爱和尊重。

谁在“言不由衷”

扫码听书

最近，我参与了区教育局举办的“优秀班主任经验交流材料”的评选工作，有机会拜读了一百多篇班级管理方面的经验汇报材料。有点感慨，有点不吐不快的感慨，为什么所有的人在写材料的时候都会无端地抬高师爱？在这些材料中，百分之百的文章涉及了教师对学生无私的爱，更有百分之四十的文章全篇都被师爱包围着，找不到一点其他的经验可谈。也就是说，在他们的教育生活中，除了爱孩子，他们没有一点教育的智慧与艺术，没有一点教育的引领与修正。好像教育就是在孩子犯了错的时候给一个微笑，用含情脉脉的目光告诉孩子：不要紧，老师有的是宽容，有的是忍耐，有的是另种评价的小尺子。这个时候，孩子一定就会在瞬间感动了、改变了，成绩也就神话般一天一个台阶似的疯长。好像教育就简单得像一篇拙劣的散文，散散乱乱没有一点主旨，却能够写出感天动地的豪言壮语，能够造就鲜花般烂漫的春天。好像教育能够拿到场面上来讲的就只能是爱，不谈其他，只要流露出一点不爱的感觉，那你就是十恶不赦的恶人，教育的败类。

真的吗？难道说所有的教师都在诗意地爱着吗？难道说在日复一日的教育生活中就没有一丁点儿的烦恼吗？难道说教育真的就那么不需要惩戒了吗？难道说没有辨别的教育真的能够托起整个教育的天空吗？

可是，我还听到了另一种声音，真真切切地响在我的耳边，流淌在我的视线里，容不得我听而不闻、视而不见。前段时间，我曾经写过一篇名为《当教育只剩下纵容》的文章，发表在《班主任》杂志上，文章里面提到了教育的真实，提到了溺爱、纵容。结果收到了意想不到的反响，很多读者在读完以后纷纷给我发来短信，有的在百度上搜到我的博客，到博客里给我留言，他们带来了另外一种声音。博友“好歌天天唱”在我的博客留言：“您好！这篇文章写到骨子里去了，透彻、到位。我是在《班主任》读到的，当时连续看了两遍。我很激动，很佩服您。我还把这篇文章给很多同事看。”博友“寒傲”留言说：“分析得很深刻，要是专家也能够从这个角度看待教育，我们的教育绝对不会比日本差。”还有新浪网友提到：“为什么很多人对教育的问题视而不见，日本的宽松教育已经让他们尝到了苦头，我们还要重复吗？”“教育的问题不是全都能够用爱来解决的，适当的惩罚是必需的。”说实话，算来我也发表过大大小小的各类文章一千多篇，虽然也接到过读者的来信，但是没有哪一篇能够像这篇文章受到这样的关注。他们中有的是我的同行，有的是学生家长，他们都看到了教育不能够只凭爱来解决，教育需要真实。

我不否认爱是教育的前提，也是教育的核心。但是爱不是全部，更不是老师用来替自己歌功颂德的辞章。无论教育是什么样子我们都该正视，关注、解决它存在的问题；老师是怎样爱学生的，我们怎么做到的就怎么说，为了写材料而杜撰的教育故事既不感人也不可笑，只会为教育平添一点悲哀。

是谁在言不由衷，是你是我还是他？为什么要言不由衷，是想掩饰一点什么，还是不得已的选择？是谁让我们言不由衷，是社会赞许性的影响，还是教师简单化的选择？这些都已经不再重要，我只是希望更多的人能够正视教育、理解教育，不要再让教育言不由衷。

从测量校长的“三围”说起

扫码听书

> 上午课间，男男女女七八个孩子冲进办公室，为首的女孩手拿卷尺。“校长，量量‘三围’!”我一愣。“我们要给你做件衣服，狂欢节用。”“啥造型?”“秘密!”遂，任由他们煞有介事地量。

这是一位美女校长发在朋友圈的微信，写的是发生在自己办公室里的一件小事。事很小，却能够读出很多的信息。

其一，他们学校要过狂欢节。我们且不说这个狂欢节到底能够疯狂到什么程度，单从这个节日名称上，就足以让很多人“倒吸一口凉气”。在这个拘谨且压抑的教育环境里，似乎只有“整齐划一”“板板整整”“规规矩矩”这样的字眼，才能够充分彰显教育的严肃性，才能作为学校活动的效果追求。在有些人看来，学校是一个讲究意义的地方，做的任何事情，搞的任何活动都需要有意义，而且还要是符合教育外显价值的意义，比如热爱祖国、孝敬父母、遵纪守法等等。

在这样的认识下，学校的活动往往是意义大于趣味，最主要的表现就是用上级的要求代替学生的真实需求：对学校来说，组织一次活动就是在完成一项工作，只需要留下图片和材料；对于学生来说，参加一次活动就是在完成一次作业，只需要按照步骤走完程序。

这样的活动，其实就是变异了的课堂，无一例外地是通过某种方式给学生灌输。我们无法让学生喜欢这样的活动，因为任何过度关注意义的教育，都可能会由于没有意思而被学生排斥。

而狂欢节，应该是用来彻底解放学生的，让他们心情敞亮地来一次彻底的放纵。这份放纵，是一种舒展，一种培育，一种彻头彻尾的对生命的尊重和敬畏。我们需要这样的狂欢，需要这样的一种宣泄，因为这样的宣泄过后往往是平和和安静，就像是一场暴风雨过后，天的那种蔚蓝，空气的那种清新，呼吸的那种舒畅。

其二，他们的学生是可以冲进校长办公室的，并且还要给校长量“三围”、做“衣服”（一定是那种用旧报纸做出来的环保服）。在我老家的村子里，至今仍让我心有余悸的有两个人。一个是村卫生室的赤脚医生，因为他总是拿着针扎小孩子的屁股。另一个是小学的老师，因为他曾经教过我好几年的数学，还是村小的校长。这两个人，从某种意义上来说是我最大的恩人，一个给了我健康的身体，一个给了我最基础的知识。但是，他们却又都是我最惧怕的人，一个不时会给我带来肉体上的疼痛，一个会给我带来精神上的压制。

在我的印象里，村小校长很神圣，不仅我们学生要对他毕恭毕敬，就连那些让我们惧怕的老师也会在他面前低眉顺眼。他的威严，可以让我在很远的地方就躲着他走。至于他的那间办公室，即使是没有人在的时候，我也不敢靠近半步。留在记忆里的这些，似乎已经成了一种痛，精神上的疼痛。

在今天，像我一样惧怕校长的学生可能会越来越少，但是敢冲入校长办公室给校长量“三围”的学生还不会太多。因为这不仅需要平等意识的建立，更需要学生精神上的大气。

从这一点我们可以看出来，学校一定是在平时的教育中给了学生一种平等的意识和习惯，才可能让学生和校长之间生长出一份坦然的“自己人”意识。而恰是这种平等观念的植入，让学生不知不觉中大气起来，让整个校园大气起来。校长和学生之间看似随意的互动，实则是一种深层意义上的尊重，至少要比那些见了校长鞠躬问好的尊重，厚重了很多。

我们时常说，教育无小事，事事皆教育。这是说教育的重要性和示范性，一方面强调了我们对待教育的态度，另一方面告诫我们对教育要审慎开展。事实上，教育成果的展现往往通过一些细节，学生的一举一动、一颦一笑，展示的就是教育的收获。比如，学生对校长“三围”的测量，也是在测量我们的教育。而“任由他们煞有介事地量”，则是一种最好的测量方式。

应该给孩子怎样的教育

扫码听书

最近，南京市专门为小学生开发的游戏教材正式首发。这套游戏课程共有十大单元，囊括了户外游戏、经营游戏、魔术游戏等内容，诸如“老鹰抓小鸡”“跳格子”等传统游戏也在其中。据悉，这门课程将在南京51所小学试行后，普及到每所南京市小学，并成为体育课一类的必修课程。

消息一出，各方反应不一。有拍手叫好的，有批评质疑的，有担心顾虑的……在各种质疑的声音中，最常见的是：游戏是孩子们的本能，有必要拿来当作课程传授吗？文化课都学不过来，游戏课能有时间上的保障吗？开发游戏课程是不是一种炒作行为？

这种反应，很容易让人想起“卖空气”事件。两年前，“中国首善”陈光标宣布，他要从未受空气污染的地方提取新鲜空气压缩成罐头，卖到大城市去，当时同样引发了各种猜测。不少人认为他是在作秀，甚至有人从科学出发，问了很多实际性的问题。其实，这吵闹的背后，有一个重要的问题：没有越来越严重的空气污染，就不会有陈光标卖空气的想法。

由此我们可以看出，南京市的教育行政部门，一定是意识到了现在的孩子越来越不会玩的现实。相较于20世纪七八十年代长大的孩子，今天的学生过得几乎是一种“圈养”生活。在学校，能做的似乎只剩下上文化课、写作业、参加考试；在校外，为数不多的时间也被各种辅导班、兴趣班挤满。再加上各种安全方面的考虑，学生会被限制参加各种户外游戏。在这种情况下，我们的孩子已经不会玩了——课间 10 分钟的休息，学生除了追逐打闹，好像不知道应该玩什么。三四十年前，下课铃声一响，满校园滚铁环、跳皮筋、丢沙包、踢毽子的景象，已经只能是一种美好的回忆了。

游戏课程的出现，恰恰让孩子重新拾起了玩的权利，并在玩中不断提升综合能力。比如，户外游戏可以鼓励孩子运动，在游戏中学会协作和沟通；经营游戏可以让孩子学会一些经营理念，尽可能地告诉孩子一些课本上没有的社会交往规则；“赌博”游戏、纸牌游戏则可以揭秘“骗术”，从而让孩子看穿赌博本质不再陷入……这一切都在告诉我们，玩也是一种教育，而且这种教育极具自然魅力，能够让孩子在原生态的快乐中获得不再狭促的童年，以及肆意的生命成长。

当然，正如人们对“卖空气”的质疑一样，游戏课程也还有很多需要面对的现实问题。比如，在功利教育的大背景下，能不能坚持的问题，能坚持多久的问题；比如，更细枝末节的课时问题、师资问题、课程标准化问题；再比如，课上游戏与课外游戏的衔接问题、家长配合的问题、安全的问题等等。

其实，如果站在整个教育的角度来看，这些问题已经不再是问题。就像人们最终理解了“卖空气”是为了唤醒人们的环保意识一样，终有一天我们会明白，游戏课程的开发绝不仅仅是教育实践上的创新和尝试，更是人们对教育本质的一种理性思考。最重要的是，他们已经意识到我们应该给孩子怎样的教育，并开始了令人欣喜的行动。

给心灵一个柔软的着陆点

扫码听书

一位很年轻的班主任在 QQ 里和我谈了这样一件事情：

我们班的一个学生，学习成绩很差，品行也不好，经常违反纪律，并且软硬不吃。前几天，这个学生在上课时间玩手机，被巡视的学校领导抓了个正着。学校一直严禁学生带手机进校园，这次他的违纪又是发生在上课时间，学校领导自然对他进行了严厉的批评教育，并让我通知家长到学校来领手机。在领他回教室的路上，他哀求我别告诉他的父母，并希望我能够帮他把手机要回来，因为他是瞒着父母把家里闲置的手机带到学校里来的，其实那部手机没有手机卡，并不能通话，他只是觉得拿着手机很神气，想炫耀一下，没想到被领导给抓着了。看着他此时低眉顺眼的样子，再想想他平时“飞扬跋扈”的作为，我觉得正好借此机会使劲批他一顿，让他长长记性，便一口回绝了他，并顺势又教育了他一番。下午，他的爸爸到学校拿手机，在办公室里打了他两巴掌。我们几个老师赶紧把他的爸爸劝走，而他竟然甩门而去。从那以后，他很少和我说话，眼光也是很少见的那种冷漠，并且越来越难管了。我是不是做错了什么？如果是您遇到这种事情，您会怎么做？

这种事情其实很常见。班里的学生被学校领导抓了“现行”，影响了班级声誉不说（很多时候还会被扣班级量化分），老师的脸上也会感到难堪，而往往这些学生本身就是班里的“违纪专业户”。这个时候很多老师都会做出前面这位班主任的处理，借此机会狠狠修理一下违纪学生，既出口恶气，也算是协助领导完成了教育任务。事实上，这种处理的结果大多不尽人意，被处理的学生不会对学校领导“记仇”，但是一定会对自己的班主任“怀恨在心”。因为这个时候，学生希望的是得到老师的谅解和帮助。在学生的视角里，学校领导是“外人”，老师则是“自己人”，“自己人”不仅不施以援手，还“落井下石”，自然就会成为被仇恨的对象。

类似的事情，我刚刚就遇到一次。昨天中午，班里的一个男生在校园里骑电动车“飙车”被学校领导抓住。电动车被扣下，车钥匙也被领导没收，并让家长到校来领电动车。下午跑操的时候，我专门问了一下这个学生中午是怎么回家的，他说走回去的，没敢告诉父母。又问他下午怎么办，他说不知道，走一步算一步吧。他情绪很低落，但是承认确实是自己做错了。我知道，学校领导已经把他行为的错误和危害讲了很多遍，我再讲一遍大道理，也无非是重复他已经听了 N 遍的“耳旁风”而已。便对他说，知道错了就好，以后别这样了，我想办法把钥匙给你要来。

下午最后一节课，我拿到了车钥匙，交给了正在操场上训练的他。他连着说了好几个“谢谢老师”，很真诚，没有一点应付的样子。第二天，他破天荒的没有迟到，破天荒的第一次向老师问好。我知道，或许这把车钥匙未必能够一下子改变他，但至少，能够撬开一丝进入他心灵的缝隙。

有时候，层层递进的说教，算得上是管理，规范但有些生硬；给心灵一个柔软的着陆点，则是教育的艺术，美好而又温暖。

“教什么”与“怎么教”

扫码听书

在原来同事的办公室里，我见到了一幅二年级小学生的树叶画：半个核桃壳，几片种类不同的树叶，清晰勾勒出由茧化蛹再羽化成蝶的生命蜕变过程。严谨的构思，简洁的画面，深刻的表达，令人不由猜想这个七八岁的孩子该是如何天资聪慧。

同事却说，这孩子特别懒，还笨。上课不想听讲，作业从来不做。老师千方百计也教不会他写一个字，再简单的数学题到他那儿都是天大的难题。每次考试，不管语文数学几乎都是零分。这次班里让学生做树叶画，本没指望他能够做出来。没想到，他不仅交上来了，还是最有创意的一个。据他的妈妈说，为了这幅画，这个孩子从放学回家就忙不停地剪剪拼拼，折腾了好几个小时，连晚饭都是边做边凑合着吃的，从来没见他这么认真过。

听过这些，我就开始猜测，或许这个孩子并不笨，也不懒，从他做的树叶画来看，他应该还特别聪明。只不过课堂上的那些东西并不是他喜欢的，所以他才抗拒学习和接受，懒和笨只不过是他不屑参与的表现。如果这样的猜测能够成立，那么我们是否可以这样继续探讨课堂上那些所谓的学困生——究竟是什么原因让他们学习困难：学习不够刻苦，还是方法不够科学？抑或是像这个做树叶画的孩子，根本就没有遇到自己喜欢做、愿意做的事情。倘若真的如此，那么我们的教学改革或许就有误入歧途的嫌疑了。

开展了十几年的新课程改革，最基层的教研部门、学校和教师关注最多、投入最大的莫过于课堂教学技术的变革。这些最能直接影响教学的施教者们，绝大多数的精力都放在了研究教法、学法指导上，极力要解决的是“怎么教”的问题。诸如自主探究、合作学习等学习理念和策略被研究得滚瓜烂熟，学生的学习技术也被培养到老师一声令下，学生就能进入或自主或合作的“学习”状态。但是，客观地讲，我们课程改革的效果却并不明显，这不仅体现在学生学习结果的不尽人意，更体现在学生被学习、被主动后的精神倦怠上，学生厌学已经成了一个不争的事实。

原因在哪里？从这个做树叶画的学生身上，我们可以找到答案，那就是我们仅仅关注“怎么教”，却没有反思我们应该“教什么”。我们千方百计教学生要去获得的那些东西，其实并不是学生喜欢的，他们自然就没有兴趣和动力去努力和争取。对于毫无兴趣的东西，即使获取技能你教得再娴熟，学生未必会有行动；若是学生自己渴望的东西，即使你不教他们怎么做，他们也会想尽办法得到。从这个意义上来说，“教什么”比“怎么教”更重要。

再看我们的新课程改革，从字义上理解应该是重点解决“教什么”的问题，但是这个“教什么”的变革仅限于高层课程建构。理念新了，标准化了，未必就是最好的课程。大一统的课程标准一定不会适合于每一个学生，如果我们解决不了教给孩子最适合的课程这个现实问题，即使再怎么研究教法也不会有好的结果出现。用正确的方法做正确的事，用适合的教法教适合的内容，这才是扫清课程改革障碍的关键所在。

幸运的是，已经有人开始注意到这个问题。北京亦庄实验小学的“全课程”，清华附小的“整合课”，他们虽然方法不尽相同，理念各有千秋，但是做的却是同一件事情：对国家统一的课程标准进行再创造，经过教师个人风格的演绎，尽可能教给学生喜欢的、适合的内容。他们所做的尝试都是一样的，那就是由原来研究“怎么教”，变成研究“教什么”。

拿破仑·希尔的书里有这么一个片段：一天他正在写作，小儿子在一旁捣乱。他嫌烦，于是就顺手在一本旧杂志上撕下一页，那是一张世界地图，他把那地图撕碎，然后扔给儿子，让儿子把地图拼回来。他想这够儿子安静一会儿了。没想到儿子很快把撕碎的地图拼好了。希尔很惊奇，以为儿子是拼图天才。没想到儿子告诉他这其实很简单：地图的反面是一张人脸，按着人脸拼，当然很快。儿子说：爸爸，这很简单，人脸正确，世界地图就正确啊！希尔由此得出了一个人生重要的结论：人正确，他的世界就正确！

我们可以借此说，教的内容正确，课堂就正确。

“减负”，家长也应该有所为

扫码听书

如今，“减负”已经成为最受关注的教育问题之一。教育行政部门不仅每年都会出台一系列“减负”政策，而且还会阶段性地组织一些诸如“减负万里行”之类的重拳行动，不管是从哪个角度来看，“减负”的力度不可谓不大。但事与愿违，学生的负担不但没有迅速减下来，反而出现了越减越重的现象，“减负”成了一个无法打破的怪圈。究其原因，我觉得是这些年来我们对“减负”问题的关注，过多地放在了学校和教师身上，而忽略了家庭和家长在“减负”问题上的关键作用。

江西电视台“家庭幽默录像”栏目曾播出过一个很有趣的小测验，他们把用同一种大米蒸成的米饭，分别放在两只碗里，其中一碗米饭被标上了普通大米的标签，另一碗则被标上了名优大米的标签，然后让一些人品尝两碗米并进行评价。结果，参与测验的人都对标注为名优大米的那碗饭大加赞赏，而对标注为普通大米的那碗饭不屑一顾。并且，当被告知事情真相时，被测验者大都仍然坚持自己的判断，并以各种理由去验证自己的结论。一个小小的“名优标签”，不仅会让人们的判断力失准，还能让人们不遗余力地去维护自己的错误判断。这样的结果恐怕已经远远超出了“幽默”的意义而更具反思价值。

也正是这种对“名优标签”顶礼膜拜的心态，让家长在孩子教育问题上的焦虑与日俱增。在家长们看来，孩子的每一步成长，似乎都面临着激烈竞争，而从竞争中胜出的最好办法就是给孩子“名优教育”。于是，幼儿园要上最贵的，小学要上最好的，初中要读最有名的，高中要读升学率最高的，似乎只要踏进了名校的大门，学生的一生就可以稳操胜券。至于大学，也已经从当年的“大学独木桥”，变成了“名校独木桥”。择校成了让中国家长最头疼、花费精力最大，却又最乐此不疲的一个项目。

很明显，在这些对“名优教育”的选择项目中，除了幼儿园可以完全通过经济手段得到解决以外，其他的选择都会涉及学生的学业成绩或者各种可获得加分的特长。所以，在教育行政部门大张旗鼓地宣讲“减负”时，家长却千方百计给学生“增负”。各种辅导班、加强班、兴趣班、特长班成了首选。因为在家长看来，分数就是撬开名校大门的支点。孩子要挤进名校，自然就要加班加点，就要不断增加学习的时间和强度。可以说，学生的很多课业负担不是源于学校，也不是出自教师之手，更多的是家长强加在学生身上的。

更为可怕的是，很多家长对名校和名师的判断和鉴别，仅仅局限在升学率和教学成绩上，而不会也不愿意用全面育人的眼光去审视学校和教师的教育行为。这就刺激了本就被功利性评价压制得喘不过气来的教育，促使教育者不得不放弃教育的真理，而去适应家长“快速成长”的要求和意愿。教育，就在家长的这种“需要”之下，一步步走向了应试和狭隘，也就最终注定了“减负”减不下来的客观事实。

当前，不管是我们的基础教育资源还是高等教育资源，都已经能够满足基本的教育需求。以中小学为例，通过近几年政府对教育的大量投入，中小学布局和数量都已经能够满足学生的就读需求。但是，在每一个区域范围内，我们总是可以看到八九十个学生的超级班，也可以看到不足十人的超小班，这就是家长追求“名优学校”的最直接后果。

其实同一县区的学校，师资和办学条件的差距并没有想象中那么大，很多名校的出名是由于地理位置的优势，并因此而获得了生源上的优势，而并非是学校管理和师资力量多么优秀。教育是一个需要家校共同努力的活动，那种渴望通过进入名校彻底改变孩子学习成绩的想法，是对教育行为最大的误解，也是对孩子一生成长的不负责任。在我看来，与其拼命挤压孩子，倒不如给孩子一个触手可及的教育环境，也许那才是最适合的教育。

有一句公益广告语说得好："没有买卖，就没有杀害。"我们是不是也可以这样想，在教育的问题上，如果没有对名优学校的盲目追求，也就不会有唯分数的教育行为，行政力量下的"减负"也就不会有这么大的阻力和障碍。

我要表扬你

扫码听书

前些天，我要出发去上海，在小区门口费了很大的周折，终于拦到了一辆出租车。开车的是个四十多岁的男人，他用很不耐烦的语气问了我要去的地址后，便皱起眉头不再搭理人。车开得有些快，停车、起步都很着急的样子。本就容易晕车的我，在他急速刹车、转向的“野蛮驾车”技术下，开始有些想要呕吐的感觉。我提醒他，希望他开得平稳一些。他沉默着不说话，眉头皱得更紧，车开得更加“疯狂”，似乎是在和谁赌气。

我晕得更加厉害，为了防止吐在车上，我便四处寻找出租车上一般都会准备的塑料袋。就在这个时候，我发现这辆出租车虽然不是新车，但是车厢内打扫得异常干净，就连脚底下的脚垫都被精心地清理过。“你的车真干净，我还是第一次见这么干净的出租车。”我一边从同样干净的纳物袋里拿出塑料袋，一边对他说。“一般一般，我这人就是喜欢干净。”他微微侧了一下头，不好意思地回了一句，语气柔和了很多。接下来，他说他每天都要彻底打扫车厢卫生，车的座套每周都要清洗一次。而我，从内心里尊重这样一个爱干净的司机，对他的夸赞自然就多了很多。我们的交流开始变得顺畅，我发现他的语气其实是很柔和的，与刚才的他简直判若两人。

再后来，我发现他的车技真好，车子运行得流畅而平稳。即使是在拐弯的时候，也能够把握得恰到好处，让你丝毫不会有异样的感觉。自然，我也没有了晕车的征兆。问他刚才为啥心情不好，他笑着解释说，刚刚有个年轻人在红绿灯附近招手拦车，因为路口不能停车，他便摇下车窗让年轻人向前多走几步，离开路口再上车。没想到那个年轻人认为他想拒载，冲他嚷嚷着要“投诉”。“投诉不就是拿着‘惩罚’要挟我吗？宁愿被投诉，我也不想载这样的客人。”他笑了笑，又接着说，“我也是太情绪化了，一听到别人‘要挟’就坏了心情。乘车的人要是都像你这样夸人，咱的心情会好，车开得也会顺溜。”

下车的时候，我向他表示了感谢。不仅因为他为了不误我的行程，在有可能损失生意利益的情况下，坚持为我选择了最佳的行驶路线，也不仅因为他高超的车技让我避免了一次晕车，让我享受到了一段高质量的行程，更是因为他的一番话给了我很大的启迪——表扬很重要！一句由衷的、无意的夸奖，就改变了出租车司机糟糕的情绪，从而让他有心情施展自己良好的车技，并进一步激活了他内心里的良善。

在我们的教育实践中，类似的例子不胜枚举：但凡有经验的教师，在讲课前为了调动学生的积极性，大都会提前告诉学生表现好了会得到什么样的奖励，而少有对学生的恐吓；一个优秀的班主任，在批评学生的时候一定不会单刀直入，而是尽可能先“挖掘”一点学生的优点，然后顺便带出需要纠正的问题……但是，也有很多人并不懂得这么简单的道理，他们抱着改造所有人灵魂的“神圣”使命，乐此不疲地为学生制造种种“堵心”的管理。诸如“谁不听话，我就……”“谁不完成，我就……”之类的话语成为口头语，只有扣分没有加分的班级量化管理大行其道，只有训诫没有温情的改造式批评肆意泛滥。在这样的管理生态下，学生就像是被要挟着屈服下来。虽然表面看起来风平浪静、秩序井然，实则暗流涌动，随时有“井喷”的可能。

事实上，我们一直在用管理学的概念来解读教育学的理念，一直在用管理的办法而非教育的方式做培养人的教育。也正因此，我们的教育有了过多的约束和打压、修剪和改造，教育的过程和结果都多了很多沉重的东西。套用那位出租车司机的话来说，我们一直在“要挟”学生成长，所以有了冲突、矛盾和成长的纠结。

其实，有质量的表扬是一缕温和的春风，在吹开学生心扉的时候，所有的教育就有了实现的可能。如果我们每一个老师都坚定着“我要表扬你”的教育愿景，那么我们的教育策略就会朝向善良和温和，我们的教育手段就会更加倾向于寻找和挖掘。自然，我们的教育也就会丰满很多。

取消三好，悠着点

扫码听书

始于1954年的三好学生评选，在最近却颇遭非议，甚至有人要将其拿下。

两会期间，全国政协委员、中国书协名誉主席沈鹏发起了“中小学停止评选三好学生”的提案，并说出了取消三好学生评选的四个理由：一是少年阶段，人为分出优劣，不利学生成长；二是家长学生纷纷送礼，滋生教育腐败；三是小小年纪，学会种种不正当竞争，侵蚀儿童心灵；四是经社会调查，多数老师家长反对。在绿领巾、红校服、三色本、五道杠等事件被热炒的背景下，沈鹏委员的这一提案格外引人瞩目，引发了社会对于学生评优的争论，并在网络上呈现几乎一边倒的支持意见。似乎，曾是无数学生梦寐以求的“三好”，在一夜之间成了戕害学生、腐蚀社会的罪魁祸首，成了人人喊打的过街老鼠。

沈委员的四个理由，其实可以归结为三个方面：

一是中小学阶段不宜对学生进行评价，否则就会伤害学生心灵，阻碍学生成长。这种说法其实是对教育的误读，是在倡导一种乌托邦式的空想教育。教育是一门科学，它不是说书演戏般的取悦，更不是传道士式的游说。它关注学生的成长，并对成长进行矫正与评价。没有任何评价的教育，怎么能够起到激励人、促进人、引领人的作用？不分优劣、是非不明的教育，怎么能够给孩子成长的方向和追求的目标？现在的舆论有一种不理智的倾向，那就是一味夸大赏识教育的作用，一味强调对孩子的宽容和放纵：无分数的评价，换上A、B、C，其实只是在自欺欺人；无过错的管理，天大的错都可以放纵，因为孩子不能惩罚；无批评的教育，千错万错都是老师的错，一切都源于教师的教育失败。学生被放在了一个真空的温室里，因为没有善恶的区分，没有荣辱的意识，没有生命的担当，他们失去了成长的机会，只能以一种疯狂的姿态肆意地生长。

《论语·述而》有载："三人行，必有我师焉。择其善者而从之，其不善者而改之。"意思是：三个人同行，其中必定有我的老师。我选择他善的方面向他学习，看到他不善的方面就对照自己改正自己的缺点。古人尚且知道人的存在必定有差异，两个人站在一起，就可以比较出高矮胖瘦。任何人，如果无视人的各有所长，无视取长补短的成长之道，那么他就是在自欺欺人，就是在玩弄学术概念，就是在误导教育，误导社会。

二是"三好"的评选可能滋生腐败侵蚀童心。我觉得，腐败的滋生，童心的侵蚀不是"三好"的问题，而是社会的问题。一是社会赋予了"三好"太多功利的东西，比如加分。二是社会风气导致了人们过分追逐"三好"，这才是买三好、贿三好及种种不正当竞争的根本原因。就像象牙珍贵，导致了大象被猎杀严重，你总不能把板子打在大象的身上吧？你总不能埋怨大象的牙长得太珍贵了吧？你总不能让大象都不长牙吧？如何清除掉粘连在"三好"上面的世俗之利，还"三好"一个清爽的面孔，这才是值得我们去认真思考、广泛讨论的问题。

其实，很多地方现在已经在搞七星、八星评选，最近北京某小学又提出了以"10＋N＋1"的新标准来代替三好学生。这些做法无非是把三好的标准进行了细化、新化，是三好内容的"与时俱进"，从本质上来说，并不是去除了三好的评选，而是优化了三好评选。再者说，即使以

“10＋N＋1”的标准来衡量学生，如果在后面缀上“中考加10分”“高考加5分”之类的条件的话，谁又能保证家长们不去送礼来获得“10＋N＋1”呢？

三是多数家长、老师反对。这一点，我持怀疑态度。他只是说“据调查”，既没有说调查样本的抽取地，也没有说调查的对象是什么样的群体，更没有提供确切的数据。“多数”也是一个很模糊的概念，说多就多，说少就少。所以这个说法本身就不值得驳斥，但就我身边的人来看，支持废除三好评选的人并不多。因为并不是所有的三好都被贿选，也不是所有的人都去贿选。以个别人的行为来否定全面的做法，本身就站不住脚。

我以为，“三好学生”的评选不是原罪，我们不能单纯地讨论它的存废，而要想办法丰富其评选内容，取消附加其上的种种特权，保证评选机制和程序的公正公平，让“三好”回归其本身的激励意义。

至于取消三好，无异于生了脚气就砍脚，我看，还是悠着点好。

教师也要勇于示弱

扫码听书

一位很优秀的青年教师写了一篇教育随笔，题目是“亮出自己头上的疤瘌”。

在一节数学课上，她讲完一道较难的数学题后，让没有听懂的同学举手提问，但是全班竟然没有一个举手的。那些不会的同学只是左顾右盼，就是不愿意站起来说出自己的困惑。她确信一定有很多同学没有学会，只是不愿意在同学面前出丑罢了。为了鼓励同学大胆说出自己的不足，她给学生讲了一个故事，大意是：一个人的头上长了疤瘌，因为怕别人知道，就一年四季天天戴着帽子。人们都感到很奇怪，怀疑他得了什么怪病，整天用奇怪的眼光看他。从此以后，这人越来越自卑，最后不敢见人了。然后，她告诉学生：一个人有缺点和不足不可怕，可怕的是没有承认的勇气和信心。

应该说，这位青年教师有着比较丰富的教育智慧，在发现学生没有勇气“示弱”的时候，很快就能用这样一个故事来说明不敢“示弱”的危害，也希望学生通过对这个故事的反思树立承认不足的勇气。虽然随笔中没有提及故事讲完后的学生表现，但可以猜测，即使在故事的激励下课堂会掀起一个小的高潮，即使学生在这节课上会表现得相对活跃，单凭一个故事依旧不足以改变学生的“既有状态”，不能“示弱”的想法仍然在很多人心中根深蒂固。

我们教师在教育过程中，也时时在重复着不能示弱的强者意识。一直以来，教师总是小心翼翼地固守着“师道尊严”，生怕有一点的闪失而让学生瞧不起。当新生点名时遇到了不会读的名字，很少有老师会真诚地“请教”叫这个名字的学生；当课堂中无法解答一道数学题时，极少有老师会坦言自己遇到了“难题”；当学生“替”老师找到了一个解决问题的办法时，几乎没有老师可以坦然地说声谢谢……为了在学生心目中留下“无所不能”的伟岸形象，我们甚至会选择、动用各种教育“智慧”，目的就是把这些尴尬搪塞过去。

除了教师不能示弱的言传身教以外，有时候教师不经意的一举一动，也会伤害学生“示弱”的勇气，从而让学生害怕“示弱”。比如，学生做错题时的训斥，回答问题出错时“玩笑”式的调侃，学生犯错时的讥讽，答错题的学生没有及时被允许坐下……这些看似无意的细节做法，都会对“弱者”产生有意无意的打击，也就一再强化着学生不敢“示弱”的思想。

教师的不敢“示弱”，潜移默化地影响着学生。在很多时候，我们给他们发出的信号很明确，那就是自己的不足是不可以袒露给别人的。同时，教师对“弱者”保护性行为的缺失，直接导致了学生宁愿选择沉默，也不会主动在别人面前展示“弱点”。这一切最终导致了学生在课堂中的沉默，合作学习的无效，学习效率的一再下跌。

其实，教师适度“示弱”不仅不会降低自己的威信，还会赢得学生的接近和信任；学生积极示弱才能够暴露我们课堂教学的不足，才会留给我们一个绝好的教育契机。而要想让学生敢于“示弱”，首先教师要勇于“示弱”，并要对学生的“弱”给予积极的关注和鼓励。

唯有此，学生才有可能勇敢地亮出头上的“疤瘌”。

无心之过

扫码听书

前些天，以前的学生到我家小聚。这几个学生，是我成为“公办”教师后带出来的第一届学生。

大学毕业，我先是被学校安排到校办工厂当工人，天天做“洗刷编织袋”的苦力活；后又被流放到最偏远的联中，成了一个没有学生的“空头”老师。直至两年后，我才在中心校最“缺人”的时候，临危受命接手了一个“烂摊子”班级。这个班级是全校有名的差乱班，但是我却寄予了极大的厚望，并视之为咸鱼翻身、证明自己的大好机会。所以，这届学生是我付出最多、记忆最深，并自认为最成功的一届。在很多家长看来，是我挽救了这个班级，成就了他们的孩子；在这些学生看来，是我给了他们成功的可能，改变了他们的命运。很多年来，别人都是这样认为，我也这样默认。毕竟，我最终带给了整个班级令人炫目的成绩。

他们中的很多人都挺成功，在各自的小圈子里都算是小有成就。雷就是其中的一个，年纪轻轻就在国有大型企业里混出了名堂，拿着高工资，开着豪华车，生活惬意且富足。我们围在一起聊天，雷就是我们聊天的主要话题。聊他的工作，聊他的车，聊他的大学，聊他就业时的奇遇……末了，有人提议每人用一个词来形容他。一番叽叽喳喳后，学生们都盯着我，让我找一个词“表达”一下对雷的印象。我想了一下，用了一个词——闷骚。众人大笑，一边高呼用词准确到位，一边夸我时尚，连这样的网络流行语都想得出。

此时的雷，又表现出他一贯的闷骚作风，低下头，憨憨地笑，小小的眼睛透出一丝不易察觉的狡黠。忽然，他猛地抬起头，好像是第一次直视我的眼睛，轻轻地说："老师，您知道我为什么这么久没有联系过您吗？其实，这些年我一直在想您，很想过来拜访您，只是没有那份勇气，因为每每想到您，我就有一种自卑感，不敢面对您。"我一惊，这是一句超出我意料的话。在我的心目中，雷是很值得骄傲的学生，我接班时数学成绩并不好的他，在我的"教导"下中考成绩很突出。在以后的很多届学生中，我不止一次地拿雷来激励那些数学基础差的学生，他是我的骄傲呀！怎么会不好意思面对我呢？停顿了一下，雷接着说："我一直深记着您对我的恩，没有您接我们班，就不会有我和同学们的成功。只是我的内心里有一个结，一直打不开。您接我们班不久，您的一句嘲笑我的话让我在同学面前抬不起头来，第二天就不打算上学了。后来，经过爸妈的多次劝说，我才又回到了班里，但是从那以后我就开始惧怕您，一直到现在。今天要不是有他们几个的陪同，我一个人肯定还是没有见您的勇气。"

至此，我开始惊愕，我实在是记不起曾经说过怎样的一句话，让这个事业有成的男人至今惧怕我。因为他胖乎乎运动不协调的身体？因为他沉默寡言不爱说话的沉闷？因为他哪一次迟到了？因为他哪一次作业没完成？我的脑子迅速转了一大圈，也没有搜索出半点信息，便问他我当时说了一句怎样的话。他笑笑说："老师，这都不重要了，在当时觉得是天大的事，无脸见同学了，现在想想无所谓。不提了，不提了，讲别的！"

我向他们几个正式地道了歉："接你们班的时候，工作经验不足，有热情和拼劲，一心想出成绩，管理很严格，肯定给你们造成了很多伤害。有的是我知道的，有的是我至今没有意识到的，请你们原谅。"几个学生很动情，不停地说“您都是为了我们好”，“这点小事与您的付出相比不足挂齿”。

在我的世界里，那句伤害雷的话肯定“不足挂齿”，甚至相当自然，理所应当；在雷的世界里，那句话肯定重若千斤，几乎将他压倒。以至于，在他十分成功，在他被身边人极度羡慕嫉妒的时候，这句话仍然隐在他的内心，压抑着他，给他永久的自卑。幸好的是，他终于有机会说了出来，否则无论他今后的生活有多么成功，他都无法完全地享受成功。因为，在内心深处，他有一个阴暗的疼痛，始终给予他不会停止的压抑和苦闷。

而我，直到今天仍在反思：近二十年的教育生涯，还有多少我不曾知晓的类似的伤害，正在折磨着一个又一个或成功或失败的心灵呢？

这，让我想起了一段往事。

20世纪80年代，在中国农村最底层的村小和联中，我读完了小学和初中，并以高分考进了市里的一所重点高中。高中的第一节英语课，老师要求我们用英语介绍自己，从前到后，依次进行。前面同学的发言不断博得老师的夸赞，还有同学们热烈的掌声。轮到我的时候，班里的气氛已经达到了一个小高潮，同学们都用期待的目光等着我的发言。“Good morning. I am glad to...”按捺住内心的激动，我尽可能平静地开始介绍自己。“你这是哪国英语？跟哪个老师学的？从哪个山旮旯里贩卖出来的？”刚一开口，年轻帅气的英语老师便打断了我的发言。一连三个反问，把我的自卑一下子从内心最隐秘的地方扯了出来。

我读初中的那所学校很小，只有六个班级二百多个学生，是一所“档次”最低的村办联中，学校里根本没有懂英语的老师。当时为了跟上开设英语课的热潮，一位转业军人出身的数学老师，凭着会几句俄语的优势成了我们的英语老师。他以“现学现卖”的方式教我们学习英语，并让我们在做试卷、争分数的竞争中没有落后于其他人。但英语口语，却不折不扣地成了他和我们所有同学的“死结”——我们说的英语别人听不懂，别人说的英语我们也不懂。在这个满是城里孩子的教室里，从踏进来的第一天，我就感到了一种从未有过的卑微。而这节课，更是把这种感觉赤裸裸地抛在了全班同学面前。

像雷一样，直至今天，我对英语老师还“心有余悸”。所以，在我做老师的第一天，就曾经发誓要做一个不伤害学生心灵的老师。为此，我尽可能小心地保护每一颗心灵。有时候，我宁愿让他们有“肌肤之痛”，也不愿意讽刺挖苦他们。但是，雷的一席话，彻底击败了我所有的自信——如此的小心，仍然留下了这么多的伤害，那么，倘若我是一个不小心的人呢？倘若我是一个将伤害当作教育手段的人呢？

其实，我和我的英语老师一样，在对待自己的学生时，最初的动机肯定是好的，一定没有故意伤害学生的想法。那些伤害，可能源于一句看似微不足道的话语，可能来自一个不屑的眼神，可能只是一个疲惫后的爱答不理，可能只是无意中的一句玩笑……无论如何，这些过错一定是无心之过。但恰是这些无心之过，在学生看来可能就是有意为之，其伤害无法估量，更无法挽回。

由此，想做一个好老师，不仅要坚守职业的底线，还要警惕那些无心之过。

悄悄奖励一下恶搞者

扫码听书

班里举行创意征集活动，每个同学都得在班会上展示自己的一个独特创意。一个男生，用废旧鞋盒做了一个“潘多拉魔盒”，他先是念了一遍“咒语”，魔盒里绽放出一朵漂亮的玫瑰，吸引老师和同学纷纷围上去看个究竟。就在这个时候，他再念一遍“咒语”，魔盒突然“爆炸”，飞溅四射的灰尘纷纷落在周围人脸上和头上。

这个“恶作剧”的主角是朋友的儿子，现在正在家里写检讨反省。因为这次创意征集活动的唯一标准就是要“出乎预料”，所以朋友觉得孩子的创意虽然有点“恶搞”，但确实是“出乎预料”，符合老师在活动前提出的要求，便与老师进行沟通，希望得到老师的谅解。没想到，老师的回答让朋友顿时哑口无言——你的孩子上了这么多年学，他应该知道我们需要什么样的创意，这是常识，还用专门强调吗？意思是说，老师组织的创意征集，自然是符合教育主流、体现教师需要的。假如，魔盒爆炸后不是飞扬的尘土，而是“好好学习”之类的字条，就应该算是符合“常识”的创意，若是“为国争光”之类的口号，则会更好。

“这是常识”，简单四个字，一不小心道出了教育里约定俗成的东西。这样的“常识”还有很多：课堂上，特别是有人听课的时候，学生什么时候说会，什么时候说不会，这是常识；老师提问，谁可以回答，谁不能回答，这是常识；上级领导来检查，什么样的问题应该怎么来“应付”，怎么朝着“好”的方向去说，这是常识……一个学生，能够揣测出老师的意图，并顺着老师的意思去努力，成了教育的“常识”。在这种“常识”教育下，我们的学生学会了察言观色，学会了言不由衷，学会了掩饰自己的内心，学会了适应教师，顺应教育。

这倒是让我想起了一次更大的恶搞。

1962 年 7 月 29 日，被称为剑桥大学最庄严神圣之地的评议堂屋顶，不知被谁弄上去一辆破旧的奥斯汀牌汽车，当地警方和市政工人花了整整一周的时间，才将这辆“空中汽车”重新放回地面。这件事，一方面令师生们惊诧不已，因为没有任何阶梯可以直达评议堂的屋顶，这辆车是怎么被弄上去的成了一个谜；另一方面在这么庄严的地方压上一辆破车，又让师生们非常愤怒，纷纷要求校方查出事情的真相并严惩恶搞者。然而，五十年来没有人知道这件事是谁做的，“空中汽车”成了困扰剑桥大学历届学生的谜团。直到 2012 年 7 月 29 日，当年参与恶搞事件的学生团聚，庆祝恶搞事件发生五十周年，已经 74 岁的策划者彼得·戴维才首次披露了此事的内幕，并说出了一个比恶搞事件更让人吃惊的消息。当时的冈维尔与凯斯学院院长休·蒙蒂菲奥尔在第二天就获悉了以彼得·戴维为首的 12 人“恶搞团伙”名单，只不过蒙蒂菲奥尔院长非但没有责罚他们，还极力赞扬他们做出了“惊人的创举”，背地里还奖励他们两箱香槟以示祝贺。为了保护这些“恶作剧者”，蒙蒂菲奥尔院长一直未公开这些学生的身份。

这个恶搞事件的影响是巨大的，当时世界各大媒体都在头版头条报道了这一令人惊诧的“可怕事件”。但是，将“求知学习的理想之地”作为校训的剑桥大学，一直鼓励他们的学生要敢于挑战权威，进行打破常规的尝试，即使是“恶搞事件”，也因为有创新的成分而被偷偷奖励并保护起来，这或许就是剑桥大学成为诺贝尔奖得主最多的著名学府的原因之一吧。

我在想，如果“空中汽车”事件发生在我们的学校，我们会有怎样的表现？大多数情况下，我们会迅速“破案”，并严惩事件参与者；也可能会有极个别思想新潮者，会反其道而行之，来一个大张旗鼓的表彰奖励，以标榜自己的办学个性。这两种做法，前者会伤害少数人的创造欲，后者会鼓励多数人的恶念，并容易让人的价值观混淆，都不是最佳的选择。像蒙蒂菲奥尔院长那样，悄悄奖励一下恶搞者，留住他们纯粹的、不受拘束的好奇心，这不仅是教育的智慧，更是一种理念的彰显。

幸亏你们没有忘记成长

扫码听书

寒假期间，我的一届学生聚会。主持人让我给他们上一节课，再讲一点什么。盛情难却，我只好随性而谈。幸亏有学生进行了录音，并根据录音整理成文字。于是，便有了下面的即兴演讲稿。

同学们：

很高兴，在离开这个校园十四年后，我们又坐在了这间熟悉而又陌生的教室，共叙师生情谊，畅谈人生未来。

很感谢，感谢这次同学会的发起者、组织者，是你们无欲无怨的付出，才有了我们今天的相聚；感谢从四面八方汇集而来的同学们，正是因为你们的积极参与，才使我们的相聚增添了更多的温情和温暖。

很感慨，我们曾经一起走过一段昨天，就在刚才，你们又彼此分享了自己的今天。我很幸运，有机会路过你们的人生，见证你们不一样的成长，不拘一格的成功。

进入教室之前，在学校门口零星遇到了一些同学。闲聊中，得知你们都在各行各业、各个领域里做着自己的事情，坚守着自己的努力，有的成绩斐然，有的小有名气，也有的自感与他人相比欠缺了一些光环与荣耀。有个同学告诉我说，这些年做得不是很理想，与其他同学相比差得太远。我想，像这样的心思，肯定在有些同学的心中或多或少地存在。

所以，借此机会，我想和同学们聊聊我对成功的一点看法。

每个人的成功都有自己的样子

成功是什么？可以说是众说纷纭，没有一个统一的答案。刚才我搜索了一下“成功”两个字，百度百科解释说，成功就是获得预期的结果，达到目的。也就是说，成功应该是由自己预设的目标来决定的，目标不同，成功的标准也就不同。十几年前，一张试卷被看成衡量我们的标准，但是每个人对分数的渴望也是不一样的——你的成功预设可能是 80 分，他的预设可能是 90 分，也可能是 60 分。你看，在同一标准下，每个人对自己的预设都不一样，那么获得的成功也肯定不一样。今天，三十而立的你们已经走向了不同的行业领域，每个行业领域都有自己的价值标准，每一个人也会有内容各异的成功渴求，你们的成功也就会形态各异，迥然不同。由此，我觉得每个人的成功就都会有自己的样子，既不需要比对，更无须攀比。只要你的内心感受到了自己的成功，那么你就是成功的。

每个人的成功都只属于自己

衡量一个人的成功应该有两条标杆，一是他人的，二是自己的。这个他人，既可以理解为某个人、某些人，也可以理解成一个群体、整个社会。在他人的标杆下，人追求的往往是他人承认的个人价值，如金钱、地位、权力等等。这样的成功追求，容易使人陷入“外表光鲜，内心挣扎”的痛苦之中，容易造成“为别人而活的”的生活悲剧。而在自己的标杆下，因为只需要自己承认自己的价值，更容易实现“为自己而活”的生命期许，更容易使人充满自信和幸福感。俗话说，冷暖自知，我们既无法感受他人辉煌之下掩饰的阴冷，也无法品味他人清淡平常中蕴藏的幸福。所以，我们无须窥探别人的成功，因为别人的只能是别人的。我们能做的，就是找到属于自己的成功，静静享受，慢慢品味。

我说这些，是想告诉在座的每一位同学，因为你们的独一无二，因为你们的无可替代，因为你们各自不同的付出和努力，因为你们所处的不同环境和位置，决定了你们会拥有属于自己的成功，也决定了你的成功和他人的成功是不同的。所以，你们都是成功的，只是在以不同的形式和内容呈现着。

同时，我还想借此机会，还大家一个歉意。

刚才，在教室门口和几个同学聊天。摄像的师傅问石绍银，班里有没有恰好是夫妻的。石绍银开玩笑说，我们老师管得紧，没捞着谈恋爱，所以一对也没成。虽是玩笑，但我知道这是事实。你们这三年，应该是班级管理中最为“严谨”的三年。

在教你们之前，我曾经有一段压抑的生活。我毕业的那年，就在我们教学楼后的那个大水泥池子边，我蹲在那里刷了整整半年的编织袋。然后，又被派到全镇当时唯一幸存的一个村办联中教学。整整两年，饱受压抑的我终于因为愿意接手一个“乱班”才回到了中心校。当时，我感觉这是一个证明自己的机会，必须用最好的成绩来洗刷当年领导对自己的不待见。整整两年，我学习和借鉴的都是怎么严格、严厉地管制学生，也就在这样的打压之下，那个班级最终在中考中取得了好成绩，我也因此在这个学校“站住了脚”，成为所谓的“好老师”。

接手咱们的班级后，前期的压抑和刚刚获得的一点自信，让我更加强烈地证明自己可以更优秀。所以，量化考核、强压措施等等一拥而上。如我所愿，我们的班级确实成为领导眼里的好班级：每次班级考核名列前茅，班级纪律可以达到无人自治，班级成绩遥遥领先……于是，我们班级越发地像个好班级了，从不断有学生想方设法转到这个班级就可以证明这一点。初一的时候，我们和其他班一样，都是六十余人的班额，但到了初三，我们班人数达到了109人。在当时，这肯定是个超级大班。在那时，我感觉这就是自己班级管理成功的标志。

现在回想，我的严格里缺少了科学，苛刻中丧失了温情，我在以自以为是的方式迎合着应试教育的口味。在那时那地，几乎所有的人都认为我们的班级是优秀的、成功的；此时此刻，我自觉我的教育存在着严重的瑕疵，甚至失误。你们的遗憾应该就是在最葱茏的岁月，遇见了最为幼稚、还未成长的我。我的遗憾就是未能在你们最美好的岁月，给予你们最好的教育。倘若时光能够再回，我给你们的肯定是完全不一样的教育。但，时光已过，无法挽回。

今天，我见到了阳光、向上、自信、成功的你们，心里稍微有了一丝宽慰。虽然我给了你们粗糙的教育，你们却没有忘记成长——幸亏你们没有忘记成长。

第五章
教育不仅仅是拯救

教师不管怎样事无巨细和管理有方，终究取代不了学生的自我成长。任何人，做任何事情，如果不经过自身的努力，就永远达不到最终的目的。“授之以鱼，不如授之以渔”的古训，也许是在告诉我们这样一个真理：教育不是拯救人，而是发展人；教育不是推动人，而是引领人。

教师的另一种职业倦怠

扫码听书

今天上午，我陪同《中国教师报》的宋鸽老师参加了一个教师座谈会。

在会上，一个刚刚工作半年的青年教师讲了她的困惑。她是一个非师范类的大学生，在做教师之前找到了一份相当不错的工作。一个偶然的机会，她读到了一本关于教师的书籍，被里面那位好像有神奇魔法一样的教师所吸引。她渴望成为故事主人公那样可以改变学生人生的人。于是，她考取了教师资格证，并参加了新教师招考，成为一名教师。她所在的那所村小，只有十几位教师，其中老教师居多。在工作中，她遇到了一个学习有困难的学生。她很想帮助这个孩子提高成绩，却苦于没有办法，只好向校长请教。校长告诉她，只要看着这帮学生别出安全事故，让他们安安全全地来，再安安全全地回家，就是最大的成功了。她又请教身边的老教师，同事们告诉她，只要能够保证安全就行了，没有人会管你要成绩的。最后，她只好请家长多关注孩子的学习成绩。没想到，家长也告诉她，现在上个大学也没有用，花钱不说，根本就找不到工作，你只要别让孩子磕着碰着就行。

她说："你看，领导、同事、家长都不关心成绩，根本就没有对我们提出教育的要求。没有了压力和目标，我就感觉自己活在了一种自我满足的状态。慢慢地，我就感到教师生活好无聊，好想放弃现在的工作。"这位年轻教师说完，一脸茫然地坐在那。旁边的我，内心里涌上了一股惊诧：这么年轻的教师，怎么就倦怠了呢？

教师职业倦怠，对我们来说并不是一个陌生的概念，它几乎是中期教师的一个魔咒。其主要原因是当下的教育管理过于僵化，教育评价过于简单生硬。在这种管理和评价下，教师的主人意识越来越淡薄，教育理想和教育教学理念无法施展，自主性、积极性、创造性得不到有效发挥，工作和生活充斥着被动的忙碌。僵化管理和评价之下带来的压力具体而言包括：社会对教师角色的不认可，家长对教师的要求更苛刻，学校内部升学竞争压力加剧；来自行政部门的各种考核、检查、评比增多且标准不明晰，缺少兼容性和人性化安排；学生较以往更加脆弱，说不进，讲不得。

一般来说，教师在工作到一定年限之后，职业倦怠就会随之而来，基本上算是一个规律性的问题，广受教育管理者和研究者的关注。但是，像这位年轻教师一样，刚刚工作半年就“倦怠”的情形却并没有引起人们的注意。因为在大多数人看来，青年教师应该是激情四射、朝气蓬勃的，他们可能经验不足，但动力肯定十足，像职业倦怠这样的“中老年病”根本不会轮到他们的身上。

那么，是什么让他们倦怠了呢？如果单是这样一位年轻人的现状，可能与个人素质有关，不值得我们大惊小怪。事实上，在随后进行的网络调查显示，超过一半以上的新上岗教师（工作两年以内）存在着类似的职业倦怠问题。再进一步分析可以发现，这些职业倦怠了的新上岗教师，大多分布在教育行政部门实行“新上岗教师农村服务制”的区域。

近年来，很多地方教育行政部门为了实现所谓的“公平”（实质上是无力打破教师岗位固化的现实），实行了新上岗教师“一刀切”去农村最基层学校工作的政策，所有新教师都被分配到最底层的村级小学工作。这种制度，有效避免了在人事分配上的“后门”问题，却忽略了一个重要的现实——村级小学本就是教育的重灾区。在众多村小中，普遍存在着教师年龄偏大，骨干力量匮乏，教学研究氛围淡薄等突出问题。当一个满腔热情的青年教师到了这样的环境后，由于毫无教育教学经验，迫切需要优秀教师的指导和引领。而事实上，他们遭遇到的往往是相反的力量，那就是被要求安于现状，被希望不思进取。没有目标、没有标杆、没有榜样，不知道教育中的“好”是什么，不知道教育中的“快乐”是什么，许多人就会像那位年轻教师一样因“无所事事”而开始倦怠。

这种因无压力、无希望而产生的职业倦怠，比起那些中期教师的职业倦怠更为可怕。因为他们一度被看成是村小的希望和力量，属于朝阳般的职业安排。如果他们在刚刚起步的时候就有了倦怠，那么他们怎么还会有希望？村小怎么还会有希望？教育怎么还会有希望呢？

由此，教育绝对不应该只看到人事分配上的“公平”，更应该看到教师成长的需求。从这个角度上来说，加快教师“县管校聘”，让教师普遍流动起来，实现每一所学校在师资力量配备上的结构合理（实现“老中青”比例科学，骨干力量、普通教师和青年教师的比例科学），让每一位青年教师都可以从身边找到前行的力量支持，有一个足够丰厚的成长环境，这才是真正的人事公平。

分数到底有多重要

扫码听书

又到期中考试季，各个中小学校在以不同的形式和不同的方式，或明或暗地进行着规模不等的阶段考试。校考，几校联考，县域级的统考，甚至是更大规模的联合行动，都披着各色外衣闪亮登场。打开博客，看博友们的更新，大多也都有与考试有关，说得准确些，都与分数有关。

这个阶段的老师，最紧张或不安的，就是拿到班级分数单前的那段时日；最高兴或悲伤的，就是看到学生或好或坏的成绩的那一刹那；最期待或纠结的，就是那随之而来的成绩分析和大会小会的表扬与批评；最无奈或恼怒的，就是那些半分之差没达到及格或优秀的分数；最渴望或惊喜的，就是有学生大呼一声“我的分数少加了××分”——那感觉，就像是小时候拾荒，意外地挖到被人漏掉的一块大大的地瓜，那心情，绝非是高兴或幸福所能够表达出来的。

这个阶段的学生，在考试结束后彻底放松了不到半天，就开始进入了战战兢兢的等待之中：一次次关于自己分数的猜测和估计，一遍遍对奇迹的祈祷和假想，一阵阵对不测的担心和恐惧……这个等待，一定是最折磨人的一种魔法，弄得每个人时时处在矛盾和两难之中，既盼望老师早一点把试卷发下来，马上目睹或糟糕或优秀的分数，又希望老师这辈子都不要再提那些试卷，就像是一切都没有发生过一样。

但，希望只能是希望，该发生的很快就会发生。

接下来，学校会把每个老师的教学成绩以“几率几线”的形式计算出来，清清楚楚地排名或者张贴。而不管排名在前或在后的老师，更要变本加厉地把学生的成绩分毫不差地列出来。一个个地谈心，或和颜悦色地鼓励，或声色俱厉地斥责，至于是哪种形式，自然是由学生所考的分数来决定的。因为对于每一位教师来说，这次好的，自然希望下次更好；这次差的，自然是要在下一次来个战略反攻。而不管是守城战还是攻坚战，应该被敲打的，绝对是学生，谁都知道，他们才是夺取分数的关键。

于是，分数就变得至关重要，学校里的一切一切也就都得围绕着分数转。于是，在分数的较量中，不可避免地有人失败了，自然也就成了分数标准下的差生。于是，这些差生在一遍遍的训斥和打击下，终于彻底地成了差生，不仅仅是分数，还有品格、行为等方面都成了不折不扣的差生。可悲的是，除了分数，原本他们在这些方面都不是差生呀！

我不禁想问，分数到底有多重要？

社会在变革，对人的素质要求越来越全面。当今的社会，再也不是一卷定终身的时代，过去那种高分上大学、大学毕业就分配工作的年代已经一去不复返了。在今天，成功已经有了N种解读的方式，即使仍然以分数来划定的所谓“一本生”“二本生”在面对职业招聘的时候，“一”也未必就能够胜“二”。同学相聚，你会发现真正称得上成功的同学，大多是原来分数面前的丑小鸭，而倍感羞愧的，往往是那些只会考取分数的曾经的幸运儿。很多时候，一个人的成功不一定是在书本和试卷中，而是源自内心深处的那些勇敢、自信、坚持，以及一切有价值的东西。

其实，我并不反对学生追求分数，并且我也在极力帮助学生得到他们应该得到的分数。我只是想说，分数也许很重要，但它只是很多“重要”中的一部分，而不是成长的全部。因为，在义务教育阶段，还有很多东西比知识的掌握更有价值，更能够促进学生生命的成长。比如，学生正确行为方式的养成，高尚人格品质的历练，良好思维习惯的培养等等。毕竟，对于教育来说，归根结底是要把一个人对幸福、美好、纯真和善良的原始追求一一开发出来，而不是以各种功利的方式，把这些固有的、天然存在的东西一点点地抹杀掉。

关照一下教师的心灵

扫码听书

两个和我相熟的老师，在同一年，从同一所农村学校调到了城里的学校。在我的印象里，他们两个在原单位都是出类拔萃的，算得上是两根等高等粗的顶梁柱。前几天，因为需要到我这里交一份材料，他们和我分别有了一次久别后的交流。

第一位，当他踏进办公室的时候，满脸的颓废就让我吃了一惊。接下来，他和我聊了这几年的种种“遭遇”和压抑。因为老家是农村，在城里买房就成了他最大的心病。每当听到办公室里的同事聊起自己家里闲置了多少套房子时，他都会被自卑压得喘不过气来。并且，他发现周围的人都比他强，要么是工作突出，要么是家境优越，只有他一无所有。更可悲的是，他发现自己的学生也看不起他，这些城里的孩子好像知道了他的根底，一举一动都透着十足的轻蔑。就这样，他的锐气一下子被打压下去，那颗本来高傲的心慢慢萎缩到核桃般干瘪。没用多久，他就成了单位里可有可无的人。

第二位，还没进门就听见了他爽朗的笑。以前他也很喜欢笑，但绝对没有现在嘹亮。让他坐，他坚持站着，居高临下和我交谈。他是典型的“城二代”，回到城里工作就相当于结束“支教”回家，既没有什么经济上的压力，也不会遇到令人揪心的尴尬。单位的改变对他来说，就像是换了一个班级那么自然。他在农村学校的优秀也就顺延下来，很快得到了领导和家长的认可，同事关系也自然融洽。这几年，他不仅在新单位很快站住脚，还慢慢成了比顶梁柱更重要的“中流砥柱”。问他诀窍，他笑着回答：心里敞亮，干着就敞亮。

两个人的经历和结局，让我很是唏嘘：为什么环境的相同改变让他们有了迥然不同的成长？论能力，两个人大致相当，甚至第一位还要略胜一筹；论机遇，两个人同时得到了上升的机会，在同一年进了城里的学校。若是认真分析他们的差异，其实最明显的就是两个人进城后的心态：一个拘谨，且承受着巨大的心理压力，在孤独无助中失去了自我；一个坦荡，无忧无虑坦然而行，在心灵阳光的照耀下一路成长。

其实，这应该给我们一些启示，甚至说是警示。在教师培训方面，我们关注的往往是教师的技能成长，备课、上课、研课，事无巨细精益求精；在教育研究方面，我们重视的是教法学法的提高，关注的是课堂教学模式的推陈出新；在教育改革方面，我们重视的是构建课程体系，不断翻新、修改越来越多的教科书，编制越来越麻烦的课程；在教育投入方面，我们不惜重金修建越来越敞亮的教室，不断引入先进的技术手段和设备，硬件建设变得越来越现代化……可是，我们却很少去关注教师的心灵成长，很少有人会问老师累不累，甚至很少会有人走近教师，稍微驻足听听他们的心声。

我们不断强调师德，时不时地提出一些圣人般的要求，划出格调极高的所谓底线。我们不断细化评价，以精确度极高的考核督促教师不断疲惫奔命，容不得片刻的喘息和休憩。我们以最简单的方式，让老师的心灵变得紧蹙，因为我们总是天真地以为，教师的激情和力量就像海绵里的水，只要愿意挤就会越来越多。我们喜欢高调强调呵护学生的心灵，为此甚至不惜为教师立下种种不能逾越的规矩，但是我们忘了一个简单的事实：一个干瘪的心灵，怎么可能滋润众多幼小的心灵。

我并不否认建学校、改课程、做课堂的重要性，我也不怀疑教师的技能和道德对教育的意义和价值。相反，我觉得这些都需要我们继续做下去，而且要做得更好。只不过，我希望在做这些的同时，我们能拿出多一点的时间和空间，去关照一下老师的心灵。

教育不是拯救

扫码听书

读了这样一个小故事。

中国农业大学农村发展学院的教授们到北京延庆县扶贫，他们让农民做了这么个游戏：大家手拉手，绞成麻花状，扭作一团，然后请一个地方干部去解。这个干部费了九牛二虎的力气，搞得满头是汗，愣是没解开。教授请农民自己解，一声令下，“唰唰唰”，眨眼的工夫农民就解开了。没有缘由地就想到了教育，可能是因为职业思维习惯，我喜欢把很多问题与教育联系起来。

作为教师，我们都有一个共同的感觉——累。上课累，一节课 45 分钟，用尽全身解数，恐怕哪一个问题没有讲明白，恐怕哪一个学生没有听明白。于是，不厌其烦，不辞劳苦，一遍遍地讲给学生们听，恨不得把自己知道的那点东西一股脑儿地直接装进学生的脑袋里。教育学生累，总是感觉孩子们这也不行那也不行，事无巨细，任劳任怨，凡事必定亲力而为，天天忙得团团转，总是像那个地方干部一样，希望帮着学生把“麻花状”的问题给解开。其实，很多时候，我们的累源于我们自己的错误。很多教师总是虔诚地认为：教师就是学生的救世主，学生就是我们要拯救的对象。

教育不是拯救。假如教师把自己看成是学生的“救世主”，那就注定教育将存在一种形近而心远的情感“隔离带”，就注定教师会把自己定位在孩子之上，就会在不由自主间形成教育的霸权和教师的威严。师道尊严，也许就是一种源于“救世主”身份的心态，一种衍生在施与和恩赐观念下的情感。教师不是救世主，教师唯有“淡忘”甚至“遗忘”自己的“救世主”身份，才能从根本上确立与巩固学生的主体地位，才能真正实现教与学的平等对话，才能凸显与弘扬素质教育的基本精神。

苏霍姆林斯基曾作过这样的阐述：“一个少年，只有当他学会了不仅仔细地研究周围世界，而且仔细地研究自己本身的时候，只有当他不仅努力认识周围的事物和现象，而且努力认识自己的内心世界的时候，只有当他的精神力量用来使自己变得更好、更完善的时候，他才能成为一个真正的人。”而在学生的人生成长过程中，教师不管怎样事无巨细和管理有方，终究取代不了学生的自我成长。任何人，做任何事情，如果不经过自身的努力，就永远达不到最终的目的。任何外来的帮助也不能代替个体自身的行动，“授之以鱼，不如授之以渔”的古训，也许是在告诉我们这样一个真理：教育不是拯救人，而是发展人；教育不是推动人，而是引领人。

凡事都不能一蹴而就，灵魂的升华需要时间的滋养，质变亦需持续量变的积聚，救世主式的彻底改变在教育上是不存在的。教师，应当是引路的向导，给予学生知识学习和精神成长的引导；教育，应该是一种方向，无论什么时候都应该保持着呼唤的姿态。

“自上而下”还是“自下而上”

扫码听书

自从《人民教育》刊发了我的博文《教育到底能做些什么》后，我接连收到了很多读者朋友的电子邮件，他们大都表现出对当前“教育无力，教师无为”这一现状的极度担忧，同时也提出了改变教育现状的理想和愿望。概括起来说，其中主要的观点有两个：一是期望教育能够进行自上而下的政策性解放，二是期望教师能够实施自下而上的积极挣脱。

一个不容否认的事实是，教师作为教育最直接、最重要的实践者，往往会把改变教育现状的责任推向教育的决策层。在很多人看来，教育里的加班加点、重复训练等应试教育全套做法，实在是被“高考指挥棒”所逼的无奈之举。好像只要“高考指挥棒”这个罪魁祸首被砸碎以后，中国的素质教育就会自然而然、一蹴而就；只要取消了高考，以生为本的教育就会在一夜之间春暖花开，所有教育问题就会烟消云散。

事实真的是这样吗？我看不然。虽然我们无法直接验证取消高考与分数的压力之后，中国教育的真正状况会是什么样子，但是我们完全可以借助现有的一些科目来推证猜想。我们都知道，在现有的教学科目中有很多学科是没有升学压力的。比如说，一些地方课程中的“传统文化”“安全教育”等。在有些学校，这些科目都严格按照要求排出了课程表，也有专职教师执教，既不用考试也没有分数之说，应该不会有被现有教育评价捆绑的嫌疑。按照前面的说法，在这样的学科中应该是可以实施素质教育的，教师也就可以从容不迫地大显身手，至少在课堂教学上可以做到更加吸引学生。而实际上，这些课程照样上得单调，甚至比语文数学等学科更没有“素质”，更没有人文的味道。据此，可以想见，假如现在真的取消了高考，真的不用分数来评价教师，那么我们的教育会是一种什么样的状态。我想，这里面至少有两个担忧存在：一是老师还会不会认真上课？二是学校会不会唱空城计？在我看来，教师的素养不提高，教师缺乏主动追求教育理想的愿望，这种高位的教育改革绝对不会产生太大的实际价值。

再看另一个假想，如果每一位教师都能够拥有“自下而上”改变教育现状的愿望，并积极付诸行动，那么我们的教育会不会在不甚理想的状态下得到局部的改观？我觉得回答是肯定的。作为教师个体，我们应该积极行动起来，给教育哪怕一丝的光亮。星星之火可以燎原，即使我们点燃的只是一丝小小的烛光，也可以照亮眼前的一小块黑暗；如果每一个人都拥有一小片亮光，那么点亮的就是教育的一大片天空。一味地埋怨现实的种种不足，一味地自怨自艾、消极懈怠，这不该是我们教师应有的精神状态。打起精神，不等不靠，坚定自己的教育信念，在艰难困苦中坚守自己的行动，这才是教师最应该有的教育追求。

当然，我们的教育制度，特别是评价制度还有很多不尽人意的地方，这也是阻碍素质教育实施的主要原因之一。我们的国家正在一步步地调整、改革、完善这些不足和缺陷，这需要时间，也需要我们教育人的支持。我相信我们的教育制度会越来越“以人为本”，我们的教育环境会越来越适应素质教育的要求。同时，我也期盼看到每一个教师为此而付出的努力，以及那种积极向上的姿态。

教育改革是一项系统工程，要想彻底改变今天的教育问题，既需要自上而下的推动，也需要自下而上的努力。这一点，毋庸置疑。

没有害怕的教育

扫码听书

依稀记得这样两个案例，都是与害怕有关的。

美国著名心理学家葡劳夫教授给他的学生做过这样的实验：在一个漆黑的屋子里，老师让 10 个学生手拉手从屋子的一头走到另一头，10 个学生按照老师的要求顺利走了过去。当老师打开灯，学生们惊奇地发现，原来他们走过的是一条独木桥，桥下挖了很深的一个坑，坑里面放满了毒蛇。然后老师让 10 个学生再走回来，结果只有三个学生走了回来。

因为害怕，很多人失去了从容，以致不能完成曾经做过的事情。

瑞士著名的钟表大师被抓进了监狱，监狱的警察让他继续做钟表。出狱后，他发现自己在监狱里做的表误差都比较大。他反复思考，按照同样的工序，以同样认真的态度，但误差为什么却比原来大很多？晚年，他终于理解了。原来，在监狱里，他一直是在恐惧和担忧中度过的，而完成一个钟表，需要二百多项工序，是需要投注极大的热情和精力的。

也许，一个人只有在心情完全放松的时候，才可以做出误差极小的钟表。

基于此，我们就可以反思，如果我们的学生生活在害怕之中，在胆战心惊中度过学校生活，他们如何会有新鲜的思维、出奇的创新，又如何能够拥有自信、获得成功？

很多老师都关注到了雷夫在他的《第56号教室的奇迹》中说的一句话："第56号教室之所以特别，不是因为它拥有什么，而是因为它缺乏了这样东西——害怕。"

更幸运的是，我们的老师也渴望着拥有这样一种没有害怕的教育，来改良我们的教室，改造我们的学校，都希望把第56号教室那样的教育绿洲不断扩大。

可问题的关键是，我们的教育里不缺乏害怕，甚至是充斥着害怕。考试排名、评优树先、量化考评等等，这些都让老师有了惧怕，惧怕学生考试分数不高，惧怕课堂纪律不好，惧怕班里的学生犯错，惧怕得不到领导的信任，惧怕得不到家长的认可……教师的这些惧怕会在不知不觉中直接传递给学生，或者是间接地转嫁到学生身上。于是，学生也就有了害怕，害怕老师的斥责，害怕不满意的分数，害怕别人的讥笑，害怕听不懂的课堂……最终，学生开始害怕教育。

从这点来看，做没有害怕的教育，首要的是要消除教师的害怕，而教师的害怕却是源于被功利覆盖着的教育。功利，是罩在教育上的一张大网，不仅束缚着学校、教师，还牵引着众多的学生家长。作为教师个体而言，彻底颠覆所有的功利教育是不现实的，但是我们也不能放弃努力。

因为，只有努力，才有希望。

很多人总是抱怨教育的理想与现实之间的差距，总是期待教育的天空在瞬间变得雨过天晴。其实，正是我们的哀叹与等待，让我们失去了对教育的信心，失去了对教育的思考。如果我们能够静下来，认真地去思考：除了应对考试，我们还做了多少真正的教育？比如心灵的成长、品格的建立、真诚的交流等等。这一些，我们做了吗？或许，当我们把关注的目光对准了这些，功与利，却会成为真教育的副产品。

做没有害怕的教育，只有期待还远远不够，还需要我们一点点去做，哪怕很难！

爱，不是教育的全部

扫码听书

“没有爱就没有教育”在教育界应该是一句耳熟能详的至理名言了，不管是哪位师德标兵或者优秀教师，在写文章、做报告时如果没有这句话就好像是炒菜忘了放盐，不仅影响口味，时间久了恐怕还要有害于身体。以至于这句话的作用越来越大，威慑力也越来越强，“爱”成了教育的唯一途径，是解决一切教育问题的法宝，好像不管孩子出现了什么问题，一个“爱”字就会药到病除、永绝后患。其实，这是对这句名言的误读，至少是没有真正了解这句话的内在含义。

苏联教育家马卡连柯的原话是：“爱是教育的基础，没有爱就没有教育。”由此可见，马卡连柯给“爱”在教育中的定位是基础性的、是前提、是先决条件而不是绝对条件，换句话说，一切教育活动都应该建立在“爱”的基础上，在有爱的前提下，采取各种有效的、科学的方法才能搞好教育。从这一点看来，“爱”并不是教育的专利，也不仅仅是教育的前提，社会上的各行各业都需要以“爱”为基础，我们也可以这样说：“没有爱就没有医疗”“没有爱就没有服务”“没有爱就没有干净的环境”……如此种种，爱应该是人类社会的基础，是一切生命活动的必需。教育是很特殊的活动，是人对人心灵的影响，是塑造人的工程，所以把“爱”这个人类普遍需要的情感作为基础是没有问题的，“没有爱就没有教育”也是不容怀疑的真理，关键是我们有很多人任意夸大、扭曲这句话的内涵，导致了很多形而上学的现象出现，催生了现在教育的无能、无效、无深度，这才是值得我们去反思的。

什么是教育？《教育学》给出了这样的定义：教育有广义和狭义之分。广义的教育泛指一切有目的地影响人的身心发展的社会实践活动。狭义的教育主要指学校教育，即教育者根据一定的社会要求和受教育者的发展规律，有目的、有计划、有组织地对受教育者的身心施加影响，期望受教育者发生预期变化的活动。不管是广义的教育还是狭义的教育都说明了教育的一个作用，那就是“影响人的身心发展”，而狭义的教育则进一步提出了“有目的、有计划、有组织”这一教育特征，也就是说学校教育是一门科学，需要科学规划、科学实施，绝不是一个简单的“爱”字可以解决的。爱作为一种情感，是宽泛的、非理性的；而教育作为一种科学则是理性的、严谨的。

爱只是教育的一种职业道德层面的要求，是教育活动所必须具备的一种道德情感，没有爱就不能进行真正的教育，但是只有爱也不可能实施真正的教育。就像消毒是外科手术必须要进行的一道程序一样，不消毒无法进行外科手术，但是仅仅消毒也不可能去掉长在脏器上的毒瘤。

教育是一项复杂的系统工程，需要爱、智慧、技能、知识、管理、约束等诸要素共同来承担。在教育过程中出现了问题，所有的专家、领导都会给出一个亘古不变的药方：爱！学生不学习了，要爱；学生打架了，要爱；学生骂老师了，要爱。其实，这种把爱的作用无限夸大的说法，一方面表现出了教育的无能，另一方面也说明了教育的无奈。

在现实的教育环境里，由于社会过分强调了学生的权利，弱化了他们的义务和责任，使本应该得到尊重和礼遇的教师和学校管理者开始处于弱势地位，教育的手里已经变得“手无寸铁”，所以才会出现以“爱”来应对所有教育问题的现象。因为只有这种说辞，才不会违反任何师德规范，才不会得到任何家长的投诉，才不会冒任何“管理风险”。

爱是一种教育需要，但仅仅是教育需要的一种。我们渴望春雨润物般的温馨，也强调对于学生的过错应该以批评教育为主，但是对于那些实际行为早已逾越了道德界限甚至法律规范的学生，对于那些已经严重扰乱了教学秩序的行为，该有的惩戒还是必需的。教育绝不能再自欺欺人，一厢情愿地神化“爱”的功能，盲目地否定其他教育手段。

因为，爱不是教育的全部。

先给教师一个修复灵魂的机会

扫码听书

今天中午，参加同事孩子的金榜喜宴。有一个同事讲到了自己孩子的老师。家长会上，孩子的老师坦言自己有些“小暴力”，但是又颇为自豪地宣称自己绝对是个好老师，这些从领导的高度认可和学生家长的极度追捧中就可以找到答案。我们细问为什么领导和家长会喜欢这样的老师？同事说，人家的教学成绩好呀！每次考试，他的教学成绩都会比其他老师高出一大截子，虽然管理相当粗暴，但是成绩相当突出，所以他就算得上是个好老师。

这倒让我想起前些日子一个朋友发给我的这样一段文字：

> 王老师您好，最近我们学校进行教学质量分析，把每一个年级的各科成绩费尽心思制作成条形统计图，自然也就把老师们按学生的考试成绩名次排列出来了。并且让成绩倒数一二三的老师站立（与罚学生站差不多），面对全体老师分析自己考倒数的原因，弄得老师们好不尴尬。您是知道的，上级三令五申不允许根据学生的成绩给老师排名次，您也有过这方面的教育随笔。但是，现在好像利用学生成绩为老师排队的现象愈演愈烈。迷惑，请您解惑。

两件事情，追问的都是同样的问题：什么是好老师？什么是好学校？

什么是好的教学？什么是好的教育？说到底，这是对教育评价的追问。

多年来，在我国的教育政策层面，比如我们党的教育方针和培养目标，都有唯一的指向，那就是促进所有学生“德智体美”的全面发展。但在具体的评价实践中，教育质量评价的唯一手段和全国通行的质量标准就是统一考试和学科分数。在今天，读书为了分数，考试决定发展已经成为社会大众的共识；育分代替育人，量化代替评价的偏颇行为已经成为学校管理的主流；不管什么方法什么手段，考出分数就是好老师的价值取向已经深入教师的骨髓。在这种大环境下，“好分数就是好老师，高升学率就是好学校，能赚取分数的教学就是好的教学，排列名次靠前的教育就是好的教育”的悖论大行其道也就不足为怪了。

在教育界，有什么样的教育质量评价，就决定了学校会有什么样的育人模式；有什么样的教师考核措施，就决定了教师会有什么样的教育行为。在一个以分数作为唯一教学质量评价和区分教师依据的教育环境里，必然会产生“只见分数不见人”的教师教育观念，在一个只知道拼命追分数的校长手底下，一定缺不了千方百计倾轧学生分数的暴君式教师。当社会认可并高度赞誉了同事孩子老师那样的“优秀”教师的时候，当学校习惯了以近似羞辱的方式鞭策“落后”教师的时候，我们的教育已经走向了一条不归路。

社会对教师的畸形要求，管理者对教师的惩戒式管理，最终导致的是教师的高度焦虑和极度紧张，在高压力的生活、工作状态下，教师的种种非教育行为也就越来越明显。诉诸报端的教师自杀、伤害学生等教育悲剧事件，现实生活中教师呈现出来的种种心理问题或师德问题，说到底是教师人格被分裂异化而导致人生价值取向的迷失，从而引发行为的失度。教师为什么要自杀？估计是痛苦得不能再痛苦了。教师为什么会体罚学生？估计是有什么人体罚或者心罚了教师以至到了无法承受的地步。当教师受到的外来的压力过大，心理冲突到了无法自我调和的程度的时候，往往就会付诸暴力行为，要么虐己，要么虐人。比如，前面提到的那些被要求在全体教师面前“检讨”的老师，他们会承受多么大的心理压力，他们的心理压力又将以什么样的方式得以释放？这些我们都不得而知，但有一点是很明确的，这种压力会有一个出口，要么面对自己，要么面对学生。

从这个角度来说，当前教师成长的最大问题不是教师专业知识的薄弱，也不是专业技能的缺乏，而是教师教育信仰的失落、教育情感的淡漠和教育意志的弱化。我们常说教师是人类灵魂的工程师，如果教师的灵魂已经被分数折磨殆尽，已经被人为践踏得不复完整，那么教师又如何去完成教育灵魂的修复和人类灵魂的构建？

我想，无论是教育还是社会，请先给教师一个修复灵魂的机会吧。

教育真的粗糙不起

扫码听书

一个同事讲了一次教学上的“意外”：课堂上，一位老师给孩子们讲牛郎织女的故事，当讲到牛郎为了挽留住织女而拿走了织女的衣服时，一个孩子大叫：“老师，牛郎是流氓，偷看女生洗澡，还抢人家衣服。”同事问：“这个老师应该怎么办？”

另一个很懂民俗历史的同事说：“老师可以告诉学生，牛郎织女的故事是源于南北朝时期，那个时候的人对性别还没有现在这么强烈的意识，所以牛郎的‘偷窥’在当时是一种比较平常的事情，并不是什么‘流氓’行为。”

我对民俗没有过多的研究，还真的不知道南北朝时期人们的男女意识到底是怎样一种情况。姑且以同事的说法为据，这个民间故事是符合当时的民风民俗的，但用在今天的课堂上，也未必十分妥当。我更想表达的是：符合当时历史背景的，未必符合今天的社会意识形态；被人们广泛流传的，也未必就能够在课堂上讲给孩子们听。

对于孩子来说，由于生活实践的不足和行动范围的狭小，故事就成了他们获得生活经验的一个很重要的渠道。在每一个时代，都会有大量民间传说、神话故事和寓言故事陪伴着孩子成长。这些故事在以看似微不足道的力量感动、感化着这个繁杂的世界，它教给孩子很多生命的美好，很多孩子也正是在故事中获得了最初的价值观。可以说，故事对孩子的影响是巨大的。由此，故事的意义和彰显的价值观也就显得尤为重要。

但是，并不是所有流传下来的故事都是今天的教育所需要的。因为流传至今的儿童故事，大多是民间那些口口相传的原生态传说，经由后人搜集、整理和改写而保留下来的。而这些传说的内容过于芜杂，由此改编的儿童故事也就不可避免地带有局限性。换句话说，这些故事都存在“硬伤”，必须经过筛选、过滤才能够传递到儿童那里。比如说刚刚谈到的牛郎是不是流氓问题，《乌鸦喝水》中放入石子的水是不是干净的问题，《愚公移山》中愚公的做法是不是最优策略问题……这些问题在几十年前或许并不会有儿童提出来，但在今天就会广遭质疑，这说明故事是有时代性的，随着时代的发展，社会的进步，有些“经典的故事”也有必要动一下大手术。

事实上，所有的儿童故事都是在经历过时代的改编后才更具价值。凯瑟琳·奥兰丝汀在《百变小红帽：一则童话三百年的演变》一书中，通过对《小红帽》这个故事的版本研究，发现《小红帽》故事里的几个主要人物（小红帽、野狼、外婆、猎人）的角色及其寓意一直随着时代而变迁，甚至演变到与最早版本完全相反的地步。据说，《小红帽》的故事曾经是成人之间流传的色情故事。在最初的故事中，小红帽曾经引诱大野狼，并与野狼同床而眠，然后被狼给“吃”了。按照凯瑟琳的说法，这个故事想告诉人们的是贞操的重要性——小红帽并不是真的给野狼（即今天所说的色狼）吃了，而是遭到了性侵犯。但到了格林童话故事中，《小红帽》却成为儿童床边故事的明星，也成为儿童天真无邪的象征。并且，仅格林兄弟，他们一生中就出版过七种不同情节的小红帽故事。

任何东西都应该是属于时代的，并带着深刻的时代烙印。在法制日益健全的今天，因为爱得迫切而采取盯梢、藏衣服的做法确实值得质疑；

在讲究饮食卫生的时代，放入石子的水该不该喝也确实值得探究；在追求效率和效益的市场经济时代，为了出行顺畅而搬走一座山的做法也确实有得不偿失的感觉。由此，我们有理由这样问：我们到底需要什么样的故事？如果让我自己来回答的话，我会说：只有情节适当、承载美好道义并且符合时代价值观的故事，才适合给孩子们讲。

如果我们疏忽了对教育内容的甄别和取舍，那么同事所讲的教学意外所带来的尬尴，就不只是属于某一个人，而是整个教育。从这个意义上来说，教育真的粗糙不起。

从人治到无为而治

扫 码 听 书

20 世纪七八十年代的中小学，在管理上是没有现在这么多条条框框的。一所学校的管理水平往往取决于校长的个人经验和能力，说得严重些叫作“人治”，有点专横的味道；说得委婉些叫作“人格管理”，或者叫“经验管理”。这种管理依靠的是管理者的个人魅力，以此潜移默化影响被管理者，在学校管理上是“人管人”，在班级管理上是“人育人”。所以才会有了“一个好校长就是一所好学校”这样的说法，也才会有人在评价一个班级时毫不掩饰地说：“你看这个班的学生都和他们的班主任一个样子！”所谓“兵熊熊一个，将熊熊一窝”说的就是这种管理模式的弊端。一个好的校长确实可以成就一所学校，但是一个不好的校长糟蹋的却不仅仅是一所学校。管理者的道德水准、知识视野、管理素质千差万别，造成的管理效果也是“千姿百态”、各不相同，对于一所学校来说，能做的就是祈祷能够遇到一个好的校长，而这种祈祷有多少可以实现，即使实现了，又可以维持多久？一个校长的任期是有限的，下一任校长还会不会这么精明能干，还能不能在前任的基础上有所创新、有所发展，都是不可预知的。所以，这种管理绝对是走不远的。

20 世纪 90 年代开始，随着我国法治化的进程不断加快，大多数中小学教育也开始由人治管理走向法治管理。一时间，教育大地里遍开法治之花。越来越多的教育法规、制度在一夜之间冒了出来，教育开始在制度的约束下由松散变得规范，教育质量也逐步得到了提高。但是经过十几年的发展，这种制度管理也开始显现出自身的弊端。刚性的管理越来越频繁地划伤教师的心灵，职业倦怠在教师中间迅速蔓延。在频繁的评比、量化压力下，教师的职业安全感丧失殆尽，越来越多的教师失去了作为教育者应有的淡定和平和；越来越多的教师变得急功近利、浮躁不安；越来越多短视的教育手段，强化着应试教育。数不清的规则制度不仅束缚了教师的行为，也束缚了教师们的精神追求；一刀切的硬性评价标准不仅限制了人的随性，也压抑了人的创新意识。越来越多的“规范化”学校，或者什么“规范化”科室，正不遗余力地向人们展示着制度带给教育的“硬伤”——教育没有了灵性，没有了个性，没有了灵魂。

好在，一种既超越了“人治”和“法治”，又兼容了二者精髓的新的教育管理模式开始日渐成熟，那就是文化管理。管理，约束的往往是人的身体和行为；文化，引领的则是人的精神和心灵，这种通过人文的引领、感情的激发，来引导人们把遵规守纪当作一种自觉行为的管理，就是柔性的文化管理。它既包含了物质文化、精神文化，也包含了制度文化；它既包容具有高尚人格的人对人的引领，也不排斥制度的规范与约束，但它更重视人性的张扬与人文的发展，更关注师生的生命发展和精神追求。从人格管理到制度管理，再到文化管理，这其中不是简单的谁否定谁，而是一个不断丰富管理内涵，不断完善管理理念的过程。

老子在《道德经》中把管理者的水平分为四个等级：“太上，不知有之；其次，亲而誉之；其次，畏之；其次，侮之。”他认为：最高明的管理者，一般的下属根本感觉不到他的存在，而他治下，依然井井有条；其次一等的管理者，下属们爱戴他，乐于亲近和赞誉他；再其次的管理者，下属们畏惧他，害怕接近与接受他；而最差的管理者，下属们轻视他，常常怨恨和侮辱他。管理水平的高低是由不同的管理理念决定的，“不知有之”应该就是我们今天坚持的文化管理要达到的一种境界，一种无为而治的境界。

教育，如果没有德育的支撑

扫码听书

这段时间，目睹了很多奇怪的现象：作为学校主要德育课程之一的班会课，被任意改换为考试学科，并美其名曰为主要课程增加课时；检查那些还没有把班会课一撤了之的年级，总是有些班主任干挂着羊头卖狗肉的营生，黑板上写着主题班会的题目，学生却在忙着做试卷；学校要举行个趣味运动会，会期不过短短一个下午的时间，总会有人很是认真地担心影响了学习咋办？前些年，体育是不招人待见的，因为中考有了六十分的分值，一下子身价倍增，跻身于主要学科之列；信息技术更曾是不招人待见的科目，也是因为有了中考赋予的三十分，很快打了一个漂亮的翻身仗，现在还有谁敢削减信息技术的课时？

在当下，或许一门课程是不是重要，不是因为它的意义和价值，而是要看中考赋予了它多少的分值。没有中考作为“后台”的学科只能是在夹缝中生存，说不定哪一天，因为某个分值高的课程需要增加课时，就要乖乖地让出来，并恭恭敬敬地说：您先请，我歇着。

今天，我不想重提“德育领先，育人为本”这档子事，因为国家的这个教育方针在很多地方已经被弱化为“说起来重要，做起来次要，忙起来不要”的标语式口号，大多只会出现在各级教育行政部门和学校的红头文件中，出现在各级领导的讲话中，出现在教师的总结和计划中。在实际的教育实践中，德育的存在最多也就是为“追分”教育维持一下秩序，不折不扣地履行着对学生进行纪律约束的职责。我也不想再重复“子曰”的“工欲善其事，必先利其器”的道理，德育不被重视并不是因为它不重要，也不是教育者不知道它很重要，而是因为自上而下功利的教育让德育默默走出人们的视野。

所以，我只想谈人。

荀子说“人之所以为人者，非特以二足而无毛也，以其有辩也（能思维）”，这应该是古人对自身的所有追问、探寻和构想中，最令人满意、最能完美解释人的答案之一。但这仍旧有缺点，因为一些其他的动物，也具有一定的思维能力。比如说，黑猩猩喜欢吃白蚁，蚁洞小，爪子伸不进去，就知道找一根又长又细的树枝伸进洞去，等白蚁爬到树枝上后再取出来吃。这说明黑猩猩有相当强的分析判断与思维能力。至于说，纯粹的重复训练，就更谈不上人类的特权，只要花费足够的时间，连猴子都能做出一些算数题。在今天看来，人之所以为人，应该是因为思想和精神。人类价值决非离群索居的个人所能体现，因此人必然要组成社会，而且要在社会中形成相对独立的思想意识和精神世界，要有自己的价值观、世界观。也就是说，只有具有社会性的人，才是真正意义上的人，“狼孩”的故事就证明了这一点。而德育，恰恰就是以让人走向社会、拥有社会属性为目的的，一个只会解数学题而不知独立精神、社会良俗为何物的人，绝对不是我们需要的人。

我想，如果学科学习是保证人生存的食物，供给人的躯体以营养；德育则是空气，散布于教育工作的方方面面、犄角旮旯，滋养的是人的灵魂。没有了空气，再多的食物也不能维系人的生命，更别说成长、成才、成功了。诚如此，我可以断言：没有德育支撑的教育，永远培养不出站立的人。

只需要做好一件事

扫码听书

今天，我在两所学校，就教师成长这个话题与老师们进行了交流。回到家的时候，已经是晚上九点多。这时候，一条长长的 QQ 消息跳出来：“王老师，今天听了您的报告，感受颇多。我自感是一个很努力的老师，也有‘一颗愿意成长的心’，我希望自己在课堂教学上能够出彩，也希望在班级管理上走出一条路……学校倡导的成长我也都积极参与。但是，十几年过去了，我却什么事也没做成，就是一个普普通通的老师，既算不上优秀，也没有什么特色。你说，我的努力错了吗？为什么没有回报？”

我很理解这位老师的“苦衷”，勤奋努力，付出不少，却收获不大。这里面肯定有很多因素在起着作用，但是我猜测有一点可能是最重要的，那就是他的努力方向太多了。

记得读过一篇文章，细节已经记不清楚。大概的意思是：在日本，“租金贵到吓人地步”的商场底层店铺里，一般销售的都是高利润商品。但有一个老板却不这样做，他花费了巨额资金在这里开了一家书店。更为离奇的是，每个星期店里只摆放一本书售卖。大家都很担心，每周只售卖一种书，会有人来购买吗？事实上，这家书店的生意还真特别好，许多消费者不但光临，还做到了每光临一次必定买一本摆出的书。这样经营了一段时间后，被摆上这家书店的书必定会成为畅销书。许多出版商得知后，纷纷找到书店老板推荐他们刚出版的好书。这样一来，老板就可以尽快接触到更多更好的新书，然后再推荐给读者。如此，这家书店的生意开始变得火爆。

我分析，这家书店的生意之所以火爆的原因，主要有两个。其一，柜台只摆一本书，让人们节约了挑选书籍所用的时间。对一个人来说，当可挑选的书籍太多时，就会出现“选择困难症”。因为纠结于“我该买哪本书”的时候，大量的时间就会白白浪费掉。其次，因为货物种类繁多，人们购物时会东瞅瞅西望望，根本无法深入看看货物是否真的适合自己，往往是在最后匆忙买一件，所以很多人都有购物后的失落感，感觉买到的东西并不是自己真正希望的。当只有一本书可供选择的时候，人就会有足够的时间翻翻书的内容，看看是否喜欢，值不值得买下来。这样买到的书，是经过深思熟虑的，不会出现买了就后悔的现象。

其实，教师的成长也是这样。当你希望成长的方向过多时，一方面会因为需要反复在各个方向上进行选择，而消耗大量无谓的时间；另一方面也会因为分配的领域过多，导致虽然付出的努力总量巨大，但各个领域上的努力并不充分，从而导致成长上的整体平凡。

在现实中，我们经常会遇到这样的老师：在学校里各个方面算是优秀，却没有什么能够拿得出手的特长；工作很勤奋、很努力，却始终无法再向上行走。我曾经问过一位这样的老师，问他有没有在特色上做过努力。他一脸委屈地说：“怎么没有！我几乎每天都在寻找自己的特色之路。看见人家做主题阅读我就去尝试，看见人家搞作文教学我也努力过一阵子，搞来搞去，弄得一身疲惫，却什么也没搞成。”这位老师的遭遇，其实就像多年前的一道高考作文题。

1983 年的高考作文材料是一幅名为《下面没有水，再换个地方挖》的漫画。画上的人，一会儿在这挖个坑，一会儿在那挖个坑，最终一点水也没有挖出来，便扬长而去。当年，这道题目引发的是人们对“浅尝辄止”的工作态度的反思。在今天，拿来看教师的自我成长倒也恰如其分。

在我看来，一个人的精力和努力都是有限的，与其在各个方向上平均用力，或者不停地改变用力的方向，倒不如在整体达到规范标准的基础上，集中精力发展自己的一点特长，不停地走下去。倘如此，还有达到极致的可能。

恰如那家书店的老板，一周只卖一本书。对于我们，只需要做好一件事。

教师的精神再造

扫码听书

有两种教师最容易出现职业倦怠：一是什么都得到的人，二是什么都得不到的人。

这里的“得到”更多是指教师在现实方面的利益，比如职称、职务、待遇以及可以换取这些东西的证书、称号等。现实中，的确有很多教师在经历一路拼抢后，职称到顶了，荣誉到头了，该有的都有了，便有了刀枪入库、马放南山的想法，懈怠、颓废和迷茫成了生活的主色调，再也没有进步和进取的心思。还有一些教师，由于自身的特长无法与教育行政的路子接轨，或是因为各种原因无法得到教育行政的认可，几经折腾以后便选择了放弃，从此开始了自甘平凡、与世无争的庸常日子。那些正在努力和前行的，大多是还有希望得到或是还没有彻底得不到的人，他们正以捕捉到某种“可能性”为动力，奔波在寻找的路上。而这些最累的奔走人，在经过一段时间后，也很快会成为前面的两种人之一。

也就是说，真正推动我们教育发展的主流群体，恰是那些被“得到”捆绑了的人，名利的实现成了他们努力的主要动力。在这种情况下，教师的教育行为就很容易被教育之外的东西控制，也很容易被现实的利益所引诱，这是显而易见的。其实，教师追求利益并无可厚非，它是一种符合人性的、常态的生存方式。问题的关键在于，人除了要拥有一个物质的世界以外，还要有一个丰盈的精神世界。同样，支撑教育的力量，除了要有物质世界给予教师的驱动力，还应有精神层面带给教师的品味、品质和品格上的吸引，并让教师由此而衍生坚持、坚强和坚守的勇气。

一个人，如果没有独立的精神追求，就不会有独立的、不依赖外物刺激的行走勇气；一个教师，如果没有敞亮的精神世界，就不可能有丰盈的、充沛的精神能量。作为教师，面对日益纷杂、喧嚣的社会，只有积淀出自觉、自愿、主动成长的精神力量，才有可能打破沉重的功利枷锁，追求一种简单而有深度的教育生活方式，也才会有真正的创造力和创新力。今天的教育之所以频遭误会和误读，自然与教育的活力缺失有很大的关系，而其最根本的症结还是在于教师的劲头不足，还没有坚持自我更新和完善的习惯。

教师的精神，说穿了就是教师教育生命的价值取向。伟大的人民教育家陶行知先生以“捧着一颗心来，不带半根草去”的赤子之忱，竭力为中国教育探寻新路。为了推进平民教育运动，他辞去东南大学教育科主任、教育系主任之职，放弃月薪400大洋的教授职位，奔赴全国十几个省市倡导平民教育；为了创立完整的教育理论体系，他以“甘当骆驼”的精神终生践行教育实践活动，创立了“生活即教育”的生活教育理论。陶行知的信条是“自立立人”，他将事业与信仰融为一体，从而使他具有“我不入地狱谁入地狱”的圣徒般献身精神。他用辛勤的劳作、坚韧不拔的毅力担负着一个教育者对社会应尽的责任，体现着他生命的永恒价值，也正是这一切造就了陶行知，造就了行知精神。

其实，在师者的世界里不乏陶行知一样的精神圣徒，在每一个教师的内心中也一样有着陶行知般的教育情怀。只不过是生活的沉重和压力让我们暂时遗忘，或者是过久尘封，但这精神与情怀是可以唤醒的，我们可以通过读书和写作，叩开教师内在的从容和清雅，隔绝过度的物质追求，再造一个昂扬的精神世界。

教育不能“看图说话”

扫码听书

最近，一组“小学男生为女教师撑伞”的照片成了舆论的焦点，引起了教师群体的激烈争辩。有朋友问我，你怎么看这事？这么一问，倒是让我想起了读小学时的“看图说话”。

小学低年级的作文被称为“看图说话”，素材往往是一组图片，学生照着图片把其中的内容说出来，这大概是作文教学的“预科”。我比较喜欢这种“作文”方式，因为每一次我们都会把同样的一幅图解读得乱七八糟，千奇百怪的说法会让我们笑得前仰后合。比如，标准答案是“英雄公鸡捉害虫”的图画，有的同学说是大人国与小人国交战，鸡虫大战三百回合；有的说虫子是孙悟空变的，老公鸡是妖精；有的根本就没看清楚那个黑点是虫子，直接说成是老公鸡找牙……我们的老师倒是开明，不管你有没有扣到出题人的宏大主旨上，只要表达得顺畅，又能自圆其说，便是一番夸奖。

有一次，我担任新教师面试的评委。面试的基本程序就是选择一课时的教学内容，新教师在封闭环境里备课 20 分钟，然后在评委面前说课。其中有一组是幼儿教师，面试提供的教学素材是四幅画组成的一个小故事。在整个面试过程中，图画中那个孩子拿在手里的物件被解读得千奇百怪：有的说是孩子拿抹布在擦玻璃，是个热爱劳动的好孩子；有的说是孩子拿玩具汽车在玻璃上耍，讲的是要注意幼儿安全；有的说是孩子在画画，只不过是画在了镜子上，需要引导孩子不能乱涂乱画；等等。同样的画面，被极其认真的新教师们读成无数种情况，这是为什么？他们当然绝不是在开玩笑，在事关自己职业的大事面前，他们不敢也没有心情开玩笑。只是图片提供的信息不够清晰，孩子手里拿的东西在不同的人心里成了不同的物件，解读的内容自然也就不同。

面对一张图，学生会出现理解误差，成年人也可能出现理解错误，甚至一些大的媒体也会犯同样的错误。

前段时间，英国《每日邮报》报道说，朝鲜官方限制公民的发型，规定了女性可剪的 18 种发型和男性可以剪的 10 款发型，并配发了这 28 种发型的图片，称此举是为对抗西方影响。《每日邮报》还由这幅发型图判断认为，实际上朝鲜女性并没有多少发型选择。报道还称，判断朝鲜女性已婚还是未婚可以从她们的发型中得出结论。但是，据新华社驻平壤记者介绍，这些图片仅是朝鲜居民理发店所贴海报，与中国理发店提供杂志发型选择相似，朝鲜官方并未规定发型式样，每个人都可以随意选择自己的发型。很显然，这份国际知名报纸也犯了“看图说话”的错误。

没有调查就没有发言权。一张图片拿来训练儿童的语言表达和想象力完全可以，倘若是用来论证一个教育理念或者是社会问题，那就会显得有些草率。我细读了几位名家的文章，虽然观点针锋相对，但有一点是共识：倘若伞是那位青年教师要求学生撑的（甚至是强迫），那么老师的做法肯定不妥；倘若是学生自愿的，图片的内容又是老师和学生互动的一个片段（比如老师正在装作享受，又或者老师和学生在表演某种戏剧画面），那肯定是说明了老师和学生私交不错，师生关系融洽。但问题是，我们都不是当事者，都不知道这其中详细的情节。我们能够看到的只是几张静止的图片，还有媒体诸如“昨日下午，宝山区顾村中心校证实，照片中的女子系其学校老师。经初步了解，当事教师平时与学生关系较为融洽，当天学生为其打伞时未提出异议”之类的模糊表述。仅凭此，我们如何就能断定事情的真相呢？不知道事情的真相，我们又如何能够进行咬牙切齿地批判或者布道者般的颂扬呢？

我希望的是，这场风波尽快平息，让当事的青年教师有机会安静地思考，让当事的孩子继续以自己喜欢的方式表达，让教育不再因为热闹的争吵而再起波澜。

教师的“精神职称”

扫码听书

有老师给我留言说：我是研究生毕业，在小学任教，这样的话我就可以自动晋升到小学高级教师职称。在别人眼里，我是个很幸运的人，不用去拼抢就可以得到很多老师需要一生拼搏的东西。我现在的困惑是，领导和同事都认为我已经晋级，就不需要学习和锻炼的机会了。我想参加各种比赛，他们就会说：“你已经晋级了，还参加呢？”可是我很年轻，还想有更长远的发展，面对这种情况，我该怎么办？

首先要说的是，按照新的职称改革方案，小学高级教师已经不再是小学老师的最高职称了，还有更高的职称级别等着老师们。我说这个，只是在回应一个政策问题，与这位老师的困惑毫无关系。因为不管职称级别如何增加，终会有老师抵达职称巅峰，那么这位老师提到的现象也会依然存在。

职称到顶就应该鸣锣收兵，刀枪入库，安享“晚年”。这样的心态当事者有，旁观者也有。大多数老师在职称问题解决以后，都会选择“退居二线”，即使勉强代课也不会再“意气风发”，只不过是漫不经心地完成工作而已。而周围的人，也都会不自觉地认为他（她）应该“让”了——让机会，别挡道。这样的集体疲软心态，应该是教师职业倦怠的主要因素之一。

职称晋升制度，说到底是一种基于物质奖励的刺激手段，除了到达顶端的人会心生倦怠以外，还有人会因无法企及或者评选中的不公平而选择仇视和对峙，同样会带来心理上的懈怠。要想根治职称带来的这种负效应，单靠增加或者减少职称数，提高或者降低职位之类的行政手段肯定无法做到。对于每一位教师来说，无论是职称的受益者还是受挫者，想要达到长久的成长，需要建立一套自己的“精神职称”。

所谓“精神职称”，就是教师依据自己的内心，把个人的某一特长或者爱好进行层级式的经营，在逐步获得精神成就的同时，赢得一份能够持续、持久存在的成长力量。温州的林志超老师，喜欢与问题学生打交道，在处理学生问题时有着自己独到的小技巧，他把自己的教育案例记录下来，投稿给杂志，结果有很多文章得以发表，这份意外的惊喜让他找到了自己的发展之路——致力于艺术化教育的实践。从此以后，他在问题学生教育这一领域进行了系统、深入的研究，积累了大量问题学生教育案例，并通过对问题学生的科学分类，逐渐形成了自己的理论体系。最终，他成了这一领域的专家。前些日子，我与他有过一次深入的交谈，他谈了自己在问题学生教育方向上的打算，并感慨地说：“这个领域博大广深，永远没有尽头，值得用一生去研究。”

林老师走过的基本路径是这样的：对问题学生教育有特长，善于通过写作来反思自己的教育实践，逐渐有了系统研究问题学生的意识，开展了系统的问题学生研究，出了专著，成了专家。他就是这样在体制之外找到了自己的成长试验田，并不问报酬、不计辛苦地默默做下去，而每一个节点的成长就是给自己的奖励。在这样的自我奖赏之下，他走得越来越快、越来越远。更重要的是，恰如他所说，他选择的这个领域是没有尽头的，只要你愿意研究，就可以一辈子走下去。

我想，这就算得上是一种“精神职称”：自我发现，自我规划，自我实践，自我奖赏。

第六章

从教书匠到教育家

我们都在无意中拥有了一根豆蔓，多年的教育实践也已经把这根蔓滋养得很长、很高。我们需要做的，就是让心中的那个自己慢慢地爬上豆蔓，一直爬到豆蔓伸到的云彩上面，再拨开云朵看看下面生活的自己。那时，我们一定会有不同的感触，一定能够更清晰地看待自己，找到从教书匠走向教育家的道路。

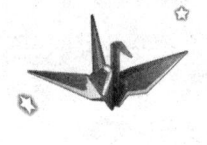

每个人生都是有缺陷的

扫码听书

在柳青苑校区的教师阅览室里，《琅琊风云榜》栏目组的访谈正式开始。

第一个问题：你为什么要当老师？

经历过几次采访，大都是从这个问题开始的，我也很习惯回答这个问题了。我当老师，不但没有拯救人类灵魂那么高大上的理由，就连“喜欢”这两个字都挨不上边。因为，我是被逼无奈才当老师的。高中毕业没有机会上大学，回家务农又没有半把子力气，心疼我的父亲只好托关系给我找了一个临时代课教师的活计，这就是我教师职业生涯的开始。再后来，因为承受不了临时工身份带来的尴尬，也是为了赌一口气——我也要当公办教师。复习了三个月，考取了一个师范专科，两年后成了公办教师。

这就是我当老师的原因。

我看过很多的访问，在问及类似的问题时，很多人的回答往往很是高尚，似乎生来就是为了从事现在的职业。我可能是个另类，我的职业从一开始就遇上了一波三折的不痛快，所以我做教师的原因不仅不高尚，隐约似乎还有些卑微。但事实就是这样，也许我只能这么去理解：并不是每一个人的职业认同感都是从喜欢开始的，也并不是每个人生来就是为了某个职业而存在，也许很多事情只有去做了，才会慢慢有兴趣。

第二个问题：成为公办教师后，你是怎样一点点成长起来的？

说实话，成为公办教师后，我并没有得到扬眉吐气的机会。相反的，我感觉还不如临时工那段时间生活得美好。因为，毕业之后，到了新单位，我并没有得到上讲台的机会，而是成了校办工厂的工人——做起洗刷废旧编织袋的工作。虽然我至今没有弄明白当时的领导为什么不安排我上课，但可以猜测，应该与我的不善沟通和沉默有关。因为最近和一位老同事交流时，他说那时候领导对我的看法就是"闷"，按照他们的说法，我是属于"三脚踹不出一个屁"来的人。这样的人，怎么能上课？

再后来，当校办工厂破产后，我又被"充军发配"到最偏远的一所联中工作。之所以说是充军发配，是因为那个时候凡是从中心校到联中的教师都是"弱师"，是教得不好才被"遣送"的，与现在新教师政策性到村校工作是完全不同的。所以，从中心校到联中工作的教师，除了要面对生活上的诸多不便，还要承受"孬老师"的精神压力。那份耻辱感，不亚于封建社会给被充军发配的犯人脸上烙上印痕。

在那个时候，这些接连而至的"不公"让我感到绝望。人在绝望的时候，往往会有两种选择：一是奋起反抗，也就是争吵打闹，但那是需要勇气和资本的，这种勇气和资本我是没有的，若有就不会沦落到这样的境地；二是选择沉沦，也就是所谓的自暴自弃，这对别人不会有伤害，也不需要征得他人的同意，只需要自己愿意，这成了我的最佳选择。在很长的一段时间里，我在"混"，那段捡鸭蛋的日子至今让我记忆犹新。

那两年，我丝毫没有成长，甚至还有了下滑。因为人生的那些激情和热情，在时间的磨砺中一点点消耗殆尽。人一旦没有了精神，成长就只能是痴心妄想。

第三个问题：有没有一件事，让你产生了成为优秀教师的想法？

其实，我一直没有成为优秀教师的想法，以前没有，现在也没有。让我从沉沦中觉醒的，还是我的父亲。

就在我的生活最灰暗的时候，我的父亲得了一场重病。在手术的前一天夜里，父亲把我叫到病房，在嘱咐了很多生活中的事情后，他告诉我："三，你们姊妹四个中，我最担心的还是你。你看看自己现在的样子，我真的担心有一天你会失去教师这个职业，被人家扫地出门。唉！我不放心呀！"那个时候，我的心已经麻木到了极点，很少有东西可以触动我，但就是这段话，让我号啕大哭。我的父亲，在他感觉到生命危急的时候，在他不能预测手术结果的时候，最担心和牵挂的，竟是自己做教师的儿子。在此之前，我一直以为沉沦是自己的事情，而忽略了周围亲人的感受。也许，在我玩世不恭的日子里，父亲一直是替我担心着、焦虑着，以至于在这样的时候，他告诉我的是这样的担忧。

父亲的手术持续了五个多小时，在外面焦急等待的这五个小时里，我对自己有了深刻的反思：如果就这样的下去，我是不是要让父母为我担心一辈子？也就在那个时候，我决心做一个合格的老师，一个不会被别人扫地出门的老师。但，那个时候，我根本就没有做一个优秀教师的想法。我的目的很明确：保住自己的饭碗，不让父母为自己担心。父亲手术的效果很好，他的话对我心灵的手术效果也很好。至少，从那个时候起，我知道自己应该做一些事情了。

这是一段我不愿意触及的痛，很少和别人谈起。即使是这样简单的文字表达，仍然会让我潸然泪下。只是，现在回头看过去的一切，我有了这样的一种理解：有时候，我们会把生命中的苦难看成是别人施加的折磨，却很少去反思自己是不是足够强大。倘若有一件事情，只有你可以做得很好，那么还有谁会把你拒绝在大门之外？

我更愿意相信，每个人的人生都是有缺陷的，特别是在起始的时候。

教师成长也需要“分流”

扫码听书

教研室组织讲课比赛，老师们却不太愿意参加，有时候需要领导“威逼利诱”，才会有一些年轻教师“被迫”披挂上阵。这样的场景在每一所学校都会上演，绝对不是个例。

现在的教师荣誉，其实就是一个攒雪球的过程，今天一个课赛明天一个技能展示，攒得多了就可能成为各级教学能手，再多了，就可能成为行政上表彰的名师。从这个角度来说，通过各级讲课比赛脱颖而出算得上是名利双收的大好事，不仅赢得了即时的荣誉，也为日后的各种评选积累了资本。这等天上掉馅饼的大好事却鲜有人踊跃分享，这确实是一个值得探讨的问题。

其实，对于大多数教师来说，并不是不想参加讲课比赛，而是“丢不起人”的心态在作祟。课赛是一种有名额限制的竞争性比赛，所有参赛的人最终会被划成一二三等，一等的自然高兴，但是毕竟是少数，二等三等的不仅白费力气，还会在领导和同事面前“示丑”，这对许多人来说确实需要勇气。再者说，在课赛表演味越来越浓的今天，能否在比赛中获得好成绩，靠的也绝不仅仅是教学的艺术，比的也不仅仅是教学的能力。有很多老师，也许会因为自己某一个天生的弱项，比如书写、普通话、性格等等，很难在课赛中得到认可。也就是说，很多人是自然而然地失去了参赛的资格和信心。从现实的课赛来看，活跃在各级赛场的老师，脸面都熟得很，翻来覆去能够得奖的就是那么一伙人、一批人。

即使都是珍珠，如果用线穿成串，也会有个先后问题；即使都是优秀的教师，如果都来拼抢有限的荣誉，也会有得有失、有哭有笑。教育行政给教师成长制造的这种单一上升渠道，不仅造成了教师专业发展上的“撞车”和“挤独木桥”现象，也硬生生地把一大批教师排除在专业成长之外。套用朱自清先生在《荷塘月色》里的一句话：对很多教师来说，专业成长固然值得向往，“但热闹是他们的，我什么也没有……”

教育是一个大的系统工程，对于教师这项重要的人力资源，琳琅满目总比单一品种要好得多。教育是一个教学相长的过程，对于教师这个知识的主要施予者来说，“各有专攻”才有可能培养出素质全面的学生，才有可能真正适应素质教育的需要。这就需要我们在教师发展上，改变以往的线性思维，为教师的成长打开更多的出口。

教师的成长可以错位进行，就是让每一个教师在自己的特长基础上朝着不同方向发展，而不是一窝蜂地去挤课赛的独木桥。比如说，同是语文教师，口才好的，可以发展成为才华横溢的演说家；文笔好的，可以发展成为妙笔生花的作家；写字好的，可以发展成为笔墨飘香的书法家……这种错位发展，对于教师来说，就是一种个性发展；对于学校来说，就是教育资源的优化组合。

九年义务教育结束后，针对学生的个性特长引导他们读高中或者职高，这种做法我们称之为“分流”。这种分流的核心其实就是让学生错位成长，不造成人才的拥挤和叠加。对于教师来说，在专业成长上其实也应该“分流”。这种分流，对于教师成长来说，就是在成长途径上不要“齐步走”，要有跑、有跳、有腾挪；在成长形式上不要“一刀切”，要百花齐放、百家争鸣，要留有“横看成岭侧成峰”的意境。

我们为什么而出发

扫码听书

在一所学校的教师座谈会上，几位老师分别谈了自己的教育经验，给我印象比较深的有三个人的发言。

第一位是个年轻的女教师。她在用数字对比了自己新接手的班级语文成绩有多差后，谈到了自己为改变这一局面所做出的努力。她的经验总结起来有三点：一是靠得上时间，为了尽可能让学生多一些学习的时间，她放弃休息见缝插针地挤时间辅导学生；二是管得了学生，在她的课堂上，绝对没有人敢说半句闲话；三是抓得住要点，她对考试题型的研究已经炉火纯青，每一次考试都可以押对好几道阅读理解题。果不其然，在她的精心教育下，这个班级的语文成绩在短时间内获得了惊人的提高，仅仅一个多月的时间，在期中考试中就从“趴底”一跃成为龙头。

第二位是年龄偏大的班主任。从学校领导的言辞中感觉他应该是本校老师中的楷模。他也是临危受命，接手了一个烂摊子班级，在他的调理下班级秩序很快变得井井有条。他的经验也有三点：一是有效的跟班管理，有事没事他都会坐在班里，帮助上课的老师维持班级纪律；二是独创的双线管理，也就是充分依靠学生，搞群众战争，在班级设立明暗两条管理线，明着的是班干部，暗着的是他的“线人”；三是严密的网格式管理，建立严密的班级管理网络，做到人人有人管，事事有人管。最终，他的班级量化积分成为年级最高的，班级成绩也大步前进。

第三位是他们的校长。因为这次座谈会主要是给采访者提供宣传素材，校长的发言便多了些对办学成绩的汇报。在历数了近几年的中考成绩后，他提出了学校的三年发展目标：一年内中考成绩要达到“保三争一”，两年内成为区域名校，三年领跑地区教育。

前两位老师，算得上是教师中的佼佼者。在这个靠分数说话的教育环境里，他们对成绩的渴望无可厚非。因为社会给了教师什么样的价值取向，教师就必然会有什么样的前进姿势。这个校长的发言虽然有些激进，但在这个充满快速竞争，又信奉单一成功标准的社会里，这或许是他唯一能说、能做的事情。

今天的教育很喜欢拿分数说事，衡量一个学生的能力大小要使用分数，评价一个教师的优秀与否要使用分数，考量一所学校的教育水平高低要使用分数。这种片面的价值观让教育里的人对分数过于渴望。因为渴望，做起来就难免急躁。而一旦急躁，教育就成了一种获取的手段。于是，教育的内涵变得越来越单薄，教育的方法也变得越来越简单：延长学习时间，拼命做题、严管高压，这些“激素式”的得分高招几乎成了教育成功屡试不爽的法宝。

但我疑虑的是，这种纯分数的较量算不算教育的成功？

每每谈及教育，当老师的都会有这么一个共同的声音：道理谁都懂，谁都知道真正的教育应该注重学生的全面发展，注重学生素质的培养，但是身处尘世，身不由己呀！换句话说，不是我们不希望做素质教育，不是我们想搞应试教育，而是因为别人都在搞应试教育，都盯着分数不放，我们深陷这样一个环境，不从俗又能如何？从某种意义上来说，社会大环境和现实的确让我们置身于应试教育而很难自拔，但这并不意味着我们就必须随波逐流，并不意味着我们连觉醒的勇气都必须丧失。说实在的，我也曾经执着于应试教育，也曾经无怨无悔地追求过分数，并且在前些年还做得比较“成功”，所不同的是，我对自己有反思，对教育有忏悔般的思考。或许正因为我曾经在获取分数的战役中势不可挡，所以更懂得在这样的拼抢中，我们到底失去了什么，遭遇过什么。

其实，分数和学生对我们而言并不是非此即彼的选择。也许，在我今天的教育过程中，仍然会有对分数的追逐，甚至在这个过程中会有粗暴的举动。但是这并不影响我对素质教育的理解，也不影响我对应试教育的质疑。我想要说的是，分数本身不是一种罪过，追求分数也不影响实施素质教育，问题的症结在于我们以什么样的心态来赢得分数。

曾经看过一个电视剧，里面有一个剧情吸引了我这个不大喜欢看电视的人。故事中的两个女主持人，为了得到当红电视栏目金牌主持的位置，进行了一场特殊的比赛——分头去采访一个女受害人，谁先采访到这个因受到严重伤害而不愿见陌生人的女孩，谁就做这个栏目的金牌主持。主持人甲颇有采访经验，是一个很职业的新闻人，她使用了各种采访技巧，但是无功而返。主持人乙是个初出茅庐的新人，新闻从业经验不足，从一开始就担心这种采访会伤害到当事人，所以她并不是抱着怎样得到采访机会而去努力，反而以帮助这个受害人摆脱困境为自己的目标。她的努力最终打动了这个受害人，采访很成功，受害人也通过这个节目获得了重新生活的勇气。从故事来看，她们的终极目标是一样的，都是看起来很功利的金牌主持。但是她们出发所带的心态是不一样的，一个仅仅是为了金牌主持，一个是为了帮助别人。

对于教育来说，在现在这个社会环境中，我们不可能超然于俗世，无视分数对于一个学生的现实意义。不管怎么说，分数也是一种相对公平和科学的衡量方法，它和健康的身体、健全的心智和阳光的心态一样，是值得我们去争取、培养和努力的。不管应试教育也罢，素质教育也罢，帮助学生获得比较高的成绩也是教育应该追求的。我觉得我们所能做的，就是像那个主持人乙一样，不要仅仅带着分数出发，不要只是为了分数而出发，当你把帮助学生获得更好的成长作为出发的心态时，或许你的教育就会人性一些、理智一些、素质一些，或许你才能心安理得地收获一些意外的分数。

教育应该是一个缓慢而优雅的过程，我们做老师的只需要在孩子的心中布下一粒种子，留住那些最初的简单与纯粹、阳光与雨露，然后把它交给时间和岁月，静候每一个生命自然而美好的成长。这，或许才是教育的真正意义。黎巴嫩诗人纪伯伦早就告诫过世人："我们已经走得太远，以至于忘记了为什么而出发。"我倒是认为，我们最大的问题不是忘了为什么而出发，而是从来就不知道为什么而出发。所以在我看来，我们现在最需要做的就是弄明白：我们为什么而出发？

教师培训还有多长的路要走

扫码听书

单从热闹程度上看，我们是很重视教师培训的。

几乎每所学校，在开学前或学期末都会举行各式各样的教师培训活动，大都以邀请名师进行讲座为主；几乎每级教育行政机构，都会时不时地以各种名义进行教师培训，大多也以专家报告为主。但几乎每次培训，都是组织者精心谋划，培训者慷慨激昂，被培训的人却敷衍了事，不以为然。

究其原因，我以为是培训本身出了问题。现举几例，谈谈自己的看法。

一是培训少有公平性。对于很多基层学校领导而言，上级部门分配的各种培训名额是一种权力资源。培训的级别越高，资源越紧缺，领导分配时的“恩宠”程度就越发惹人眼热，这种分配往往就会夹杂了太多“需要”以外的因素，而成了奖励、人情和均衡利益的福利。

很多时候，我们会在级别很高的培训会场见到为数不少的空座。这并不是培训的名额没有分配下去，而是很多“奉命”来参加培训的人出去逛街、逛景点去了。也就是说，领导因各种考虑分配下去的培训名额，得到的人未必想参加这次培训。或者说这种培训机会太多，已经习以为常，并不觉得珍惜了，但领导既然给了，自然就得来应付，权当一次公费的旅游。而事实上，绝大多数的老师对这种高级别的培训是望眼欲穿的，但因未入领导法眼或级别不够而没有培训的机会。教了一辈子书也没有参加过校级以上培训的人大有人在。

培训不因“需”安排，不考虑参训者的意愿，而是以福利的方式分配给那些并不需要，或者说并不渴望的人，必然会导致培训的低效。空位，打瞌睡，闲聊，自然也就成了培训的常态。

二是培训没有针对性。每当学校自己搞培训，教师自然是获得了参训的机会，而且是强制参加，培训的现场就会出现另一种场面：做报告的人滔滔不绝，下面的人各忙自己的活计——聚精会神批改试卷的，对着备课本奋笔疾书的，见缝插针补写理论笔记的……因为有领导压阵，会场秩序一般会比高级别的培训要好：溜号的少些，说话的声音低些……

但散会后的牢骚会多些：专业发展，专业发展，都快退休了还专业发展，再怎么发展还能发展多少；连课都不带了，还谈什么研究课堂教学……

这些牢骚可以帮助我们理解会场上的种种，他们对这种培训并不感兴趣，来参加只是在完成一项任务，在应付一次活动。再往深了想，我们的培训太没有针对性。从二十多岁到年近六十，年龄相差三四十岁的人都在接受一种培训，这像极了让幼儿和青壮年一起学习走路，不出笑话才怪。

这委实是校级培训的软肋。我以为，教师的培训是需要有针对性的：对青年教师，可以多一些方法、技能和行动方式的引领；对中年教师，可以多一些克服职业倦怠、二次成长、事业调整期心理等精神层面的引导；对即将退休的老教师，则可以多一些经验梳理与传承、站好最后一班岗等职业晚期的心理疏导。

有了针对性，才有可能引起被培训者的共鸣，也才有可能获得理想的培训效果。

三是有些培训，功利的味道太浓。像极了明星演唱会，似乎请的“角儿”越大越有效，出场费越高越专业。

大师级的专家境界确实高，讲座报告也委实能够让人兴奋一下子，激动一阵子。但往往，当老师们从高昂的亢奋中清醒过来，走进自己的学校和课堂的时候，忽然发现那些东西离自己太远。似乎是一场梦，可以温暖片刻，却不能支撑一步。其实，我们总是说要让学生在最近发展区里得到进步，却忘了教师也是一样，身边的榜样也许更能够让老师找到成长的动力。

还有一些培训，根本就算不上培训。一溜的领导讲话下来，再加上这表彰那荣誉，请来的专家成了颁奖嘉宾，装门面的门神。好像是只要专家到位了，会议开过了，拍了照了，写了宣传稿了，培训就结束了，任务就完成了。这种培训，与培训本身毫无关系。

说到底，老师们需要的、能看得见摸得着的培训，才是真正的培训。这样看来，不禁要问，我们的教师培训，还有多长的路要走？

教师成长的四个“追问”

扫码听书

在去参加某个会议的路上，我与几位校长交流起教师成长这个话题。每个学校的做法虽然略有不同，但大都瞩目在对教师教学技能的培训上。学校的各种教研活动也大都在磨课、说课、示范课的范畴内，很少有人提到“技术”以外的教师成长因素。其实，一个教师要想获得发展，得以成长，除了埋头苦干再加上熟练的技术以外，还需要很多能力以外的东西。这也恰是每位教师时时需要的自我追问。

追问一：你有没有把经典读透？

苏霍姆林斯基说：“读书，读书，再读书，教师的教育素养就取决于此。要把读书当作第一精神需要，当作饥饿者的食物。要有读书的兴趣，要喜欢博览群书，要能在书本面前坐下来，深入地思考。”报告中的经典引用，教学中的理论阐释，无不要求我们要静得下心来，细细品读一些教育经典。引经据典，才能让你的言语厚重凝练，才能让你的教育生活不再肤浅粗糙。

其实我们不是不知道读书的意义，不是不知道读书的好处，我们只是耐不住读书的那份清苦，担不起读书的那份寂寞。读书是苦的，所以古人就会编出“书中自有黄金屋，书中自有颜如玉”的谎言来诱使那些读书人踏上艰涩的读书之路。这种功利性极强的读书，只能是越走越累，越读越厌倦，也才会读出许多悲怆和伤感。今天我们所说的读书，应该是一种摒弃了浮躁与功利的自觉行为，是为了让心灵在躁动的世俗中觅得一方清净的栖息地，而读书的最大作用是让心灵慢慢归于平静，生活却因平静而变得韵味十足。

追问二：你能不能写得出文章？

如果我们把视野放得宽一些，好好审视一下活跃在教育领域里的“名人”，我们就可以发现在当今教育大家、大师级人物中，没有一个是单凭教学成绩、讲课技能而声名显赫的，没有一个是靠教育行政机构赋予的耀眼光环而起家的。换句话说，每年都有很多的全国优秀教师、优秀班主任，而能够游走在教育圣坛的又有几人？可以这样说，我们的教育，已经从行政手段推出楷模，演变到教育写作造就榜样的时代了。著名教育家叶澜说过：“一个教师写一辈子教案不一定成为名师，如果一个教师写三年教学反思可能成为名师。”这句话非常实在，其用意在教育我们要重视教育写作，也是在告诉我们：一个善于写作的教师，才有可能有深入地思考，也才有可能走得更远。

追问三：你是否耐得住寂寞？

不管是读书还是写文章，都是一条寂寞之路。在热闹非凡的浮华之中，就不会有宁静致远的思考，更不可能写出精美的心情文字。我想，如果你打算在读与写之间行走，那么你就要有“开花给自己看”的淡然，有“孤独地酝酿”的坦然，有“甘于寂寞”的欣然。所以，对于教师来说，若要获得真正的成长，就必须有一个超然的心，拥有一个淡然的情怀。要坐得了冷板凳，耐得住繁华中的寂寞。

追问四：你有没有关注过另一个平台？

任何的成长都离不开平台。在以往的教师发展中，可以说只有教育行政这一个平台，但对于绝大多数老师来说，那只是可望而不可即的。而随着网络的发展，越来越多的平台为普通教师无偿地搭建，只要你愿意，你可以在这些网络的巨大平台上尽情展示你自己。教育在线、K12等教育网站已经成功推出了许多名师、大师。很多名师，也是因网络的推动而起步的。另一方面，网络给我们提供了与朱永新、魏书生、李镇西这样的大师级人物对话的可能，以及获得他们帮助的可能。如果你觉得这些都是功利的，那么，网络日记（博客）则是属于你自己的一片静谧天空，你可以在那里静静地写，温暖地交流，三五知己，谈天论地，则是另一番温馨和快乐。一个善于寻找适合自己发展平台的老师，其获得成长的机会会更多。

生命是简单平实的，每一种成长都有自己的理由。但对于教师来说，成长绝对不是简单的技术改善，只有在个人底蕴上多下功夫，真正地成长才会有实现的可能。

什么样的教师容易成功

扫码听书

这段时间，我读了两本书：一本是郑英老师的《班主任，可以做得这么有滋味》，一本是林志超老师的《教师艺术应对学生问题 36 记》。这两本书都给了我很多可以借鉴的优秀做法，同时也给了我更多的思考。从两位作者成功的路径来看，我似乎可以从中找到教师成功的一些基础因素。

一是专注于一个明确的目标。我是比较了解郑英老师的，平时在网上交流的机会也比较多。自喻为“教育农人”的她，身上确实有着很多农人的品质，比如质朴、坦诚、勤于耕耘等等，但是我更欣赏她那种执着于一点、专注于一个目标的精神。我们都知道班级常规管理是最烦琐、无味的工作，很多班主任也就是因此而变得消沉和倦怠。郑英老师却可以把每项常规管理都做到极致，一次看似简单的卫生值日任务分配，一种学生座位安排的方式……这些都被她做得有滋有味。

我对林志超老师的关注源于他对“学生问题”的关注。对于教师来说，每天都会遇到“学生问题”，甚至可以说教师的每一天就是因为不断遭遇各种各样的“学生问题”而变得焦躁苦恼。林老师却把“如何艺术地解决学生问题”作为自己研究和探索的方向：针对每一个不同的“问题学生”，他设计了不同的教育策略；针对每一个学生的问题，他做出了最为准确的解决方案……这样的坚持，让他积累了丰富的实践智慧，也让他的教育变得轻松自然。

教育，在某种意义上来说是平凡的，教师所面对和应对的大都是烦琐而微小的事情。但是这些“微小”却又是伟大的，因为这往往能够影响万千正在成长着的生命和心灵。教师职业的枯燥大都因为太过于重复，每天面对着相同的学生，每天都会遇到相同的问题，这样的熟悉极易制造倦怠。所以，把简单的做好，把繁杂的做精致，在熟悉的地方找到风景，都需要我们有一份持久坚持、智慧坚守的勇气。按照一个方向坚持走下去，这也是教师成长和成功最基本的一条定律。

二是善于提炼自己的实践。对于大多数教师来说，教师职业会持续自己的一生，所以坚持下来并不是大问题。对于一部分教师来说，有足够的能力把某一方面的工作做精、做细，甚至做出一些特色来，但是，他们却未必能够取得职业上的成功，原因在哪里？这大都与教师缺少研究的意识，没有把自己的教育实践进一步梳理、提升的能力有关。

还是以这两位老师为例。郑英老师的成功在于她注重把实践与思考对接，用文字记录并还原了自己独特的班级常规管理过程。这就让她能够把自己教育智慧和艺术进行系统的整合提炼，以《班主任，可以做得这么有滋味》的形式呈献给我们，让自己和思想一起走得更远。林志超老师的成功在于，他不仅是一个善于解决“学生问题”的人，而且是一个善于寻找教育规律的教师。他在不断解决学生问题的过程中，逐渐梳理出学习困难、交往障碍、成长问题等六大系列的学生问题，并提炼出近百个“艺术应对”的教育方案，《教师艺术应对学生问题 36 记》一书就是其中的精华部分。

在我看来他们是成功的，这种成功不在于他们是全国优秀教师，也不在于他们写了专著，而是因为他们把平凡的东西赋予了伟大的力量，并且传递给了更多的人。凡是听过郑英老师报告的人都会被她的睿智所感染，也都会被她有滋有味的班主任工作所鼓励。她给更多的人这样一种认识：再常规的东西都可以做得出乎预料，再普通的工作都能够赢得高贵的品质。读过林志超老师书的人都会有一股写书的冲动，因为里面记载的东西我们似乎都经历过。他的成功给我们的启示是：教育里的问题，只要不被我们熟视无睹地略过，而是认真地审视它、研究它，都会将教育化为一种人性的艺术。

一个人的成功不是既定的概念，每个人都可以用自己的方式定义成功。但是成功者一定有着最基本的特质：一是自己有所为，二是让他人能够有所为。拥有这种品质的人，是离成功距离最近的。

成功需要什么

扫码听书

做教师的，内心里总会对成功有着一种渴望，虽然有时生活的琐碎会稍稍淡化这种渴望，但骨子里却永远不会消失。某个时候，只要心灵获得了召唤，那些积淀已久的渴望就会又呼啸而来，轻轻唤醒那些蛰伏的能量，并有了一些行动的冲动，把那些因时间、经历、挫折而沧桑出来的惰性，一层层地剥开去，直到露出鲜活而敏感的心灵。此时，我们应该首先清醒地试着去理解去琢磨这些与成功有关的词语。

平台

对于曾经有过努力而没有成功的人，大多会抱怨自己缺少了一个成功的平台。很多教师对于平台，总是抱着一种原始的、朴素的理解，那就是一块垫在脚下能够给我们增长一些身高，然后会帮助我们切实得到些什么的垫脚石。不由得，我们就时时盼着会有人在我们需要的时候，及时在我们的脚下塞上这么一块石头。但大多，我们是会失望的，因为没有那么多人愿意塞给我们，也没有那么多石头可以塞给我们。于是，我们会失望、愤懑甚至是怨天尤人，找了一个结实的借口，从此隐匿在一个慵懒的角落里，一边抱怨着，一边慢慢做实属于自己的平凡。

读过一篇童话，大意是两只青蛙在觅食中掉进了一只牛奶罐里，罐里并不很多的牛奶却足以让这两只青蛙体验到什么叫灭顶之灾。一只青蛙心想：完了，全完了，这么高的一只牛奶罐啊，我是永远也出不去了。于是，在象征性地挣扎几下之后，它很快就沉没了下去。另一只青蛙在看见同伴沉没于牛奶中时，并没有沮丧，更没有放弃，而是不断地给自己鼓起勇气，一次又一次奋起、跳跃。不知过了多久，它脚下黏稠的牛奶变得坚实起来。原来，它的反复踩踏和跳动，已经把液状的牛奶变成了一块奶酪，而奶酪成了它的垫脚石。最终，它一跃而出，见到了蓝天、白云、美丽的世界。

原来，大多时候，是我们忘了或者放弃了去寻找那块石头。

在我们教师的身边，其实存在着很多成功的平台，比如教育行政、成长圈子、教育媒体等等。大多数人盼望着这样一个成长途径：由教育行政的力量把自己变成优秀教师、名师、能手等等官方的榜样，然后获得媒体的推介和圈子的认可，最终达到成功的巅峰。在我看来，这条路很窄，因为教育行政的平台太高、太少，对于很多人来说是可望而不可即的。而教育圈子和教育媒体则不同，它是开放的、大众的、草根的，自己要你愿意你就可以拥有这个平台，并在这个平台中充分展示自己。就像“大衣哥”朱之文的成功一样，青年教师是不是可以走这样一条路：以草根的方式，在遍地都是的各种教育圈子和教育媒体（论坛、博客等）中获得支持和鼓励、磨砺与成长，在沟通、交流、反思中不断丰富自己，即使不能得到行政上的认可，一样可以实现自己的教育之梦。并且，我坚信，只要你做得足够好，教育行政这个平台也一定会有你的一席之地。

专业

在今天，我们谈论最多的恐怕就是教师的专业成长，教师专业化一度成为教育领域的时髦语。但是什么是专业、怎么样才算得上专业，恐怕没有多少人能够说得透。就像很多人满嘴都是当下流行的网络语，但其实自己也不知道那些词到底是啥意思一样，说到底是为了好玩，或者是满足自己小小的虚荣心：人家都在说，咱当然更要说。

教师的专业成长当然应该是以促进学生的成长为目的的，没有教师的成长就不会有学生的真正发展。我们不能总是以“青出于蓝而胜于蓝”作为我们能力不足的挡箭牌，更不能靠着“师不必贤于弟子”聊以自慰。对于当代教师，我们应该做的就是和学生一起成长，并以自己的发展促进学生的快速发展。对于教师来说，最丰富的就是教师的教育实践和教育经验，最匮乏的就是教师的专业阅读与专业写作。如果我们不能够通过阅读来及时浸润教育实践，那么我们的教育活动就难免走向经验主义的禁锢；如果我们不能够通过专业写作来反思、提升、教育实践，那么我们的教育活动就无从谈到专业化。很多事情，我们也做了，但是可能做得不够精致，所以我们就只能站在成功之外。直到今天，我还是很喜欢自己做班主任时常用的班训：“做了，做好了，做精彩了，做到极致了，我们就成功了。”

遗憾的是，至今，还有很多教师仍然停留在“做了”这个层面上。

坚持

无论是寻找平台，还是跋涉在专业发展的旅途中，坚持都是成功的不二法宝。昨天晚上，我和莱芜一位正在做新教育实验的同行聊起了新教育。她是我认识的人中最能坚持、最能坚守的一位优秀小学教师，但她还是告诉我：做新教育很难、很苦。是的，做任何事情，单单做一次，任何人都可以做得到；持续一年半载，能够坚持下来的人恐怕不到一半；一生坚持，能做到的恐怕就是屈指可数了。这难、这苦大多源于那份坚持，以及坚持过程中的寂寞和压力。

而我们缺乏的，往往就是坚持。有时候我们会因为疲倦、困乏和疼痛而放弃坚持，更多的时候我们是因为没有找到让自己坚持的焦点。

一位青年苦恼地对世界著名昆虫学家法布尔说："我每天不知疲倦，把自己的全部精力都花在我爱好的事业上，可结果总是收效甚微。"法布尔赞许地对他说："看来你是一位献身科学的有志青年。"这位青年听了法布尔的赞许，兴奋地说："是啊！我爱好科学，也爱好文学，对音乐和美术也很感兴趣。我把自己几乎所有的时间都用在这些爱好上了。"这时，法布尔从口袋里拿出一块放大镜，把阳光聚焦在一个点上，然后对青年说："试着把你的精力集中到一个焦点上，就像这块放大镜一样。"

其实，法布尔正是把自己的时间和精力都聚焦在研究昆虫这个点上，所以才有了昆虫学方面卓越的成就。

教育的过程中也会面对无数的诱惑，外界的热闹、名利、安逸，都会一点点侵蚀我们坚持的信念，都会导致我们人生焦点的错乱和虚幻。也许，懂得取舍，学会坚守，才是我们教师的本分。

面对成功，我们应该知道自己需要什么。

反思的理由

扫码听书

作家吴志强讲过朋友的一次应聘经历。

朋友应聘一家公司，该公司把前来应聘的人安排在会议室分三天做三次考核。第一次考试，朋友便以 99 分的好成绩排在第一。一位叫小米的女孩以 95 分的成绩排在第二。第二次考试试卷一发下来后，朋友发现当天的试题和第一次的试题完全一样，便自信地大笔一挥，还不到考试规定时间的一半，朋友便交了卷。第二次考试考分一出来，朋友仍以 99 分不动摇的成绩排在第一。而那位交卷最晚的女孩小米以 98 分的成绩排在第二。

第三天准时进行第三次考试。试卷一发下来，考场上顿时开了锅，因为试卷和前两次完全一样。绝大部分考生和朋友一样，根本用不着看考题，“唰唰唰”就直接把前两次的答案给搬了上去。不到半个钟头，整个考场都空了。只有那位叫小米的考生仍托腮拍脑，绞尽脑汁冥思苦想。时而修改，时而补充，直到收卷铃响才把答卷交了上去。考分出来，朋友仍以 99 分的成绩排在第一。不过这次没有独占鳌头。考生小米这次也以 99 分的好成绩和她并列第一。但朋友一点也不担心被她挤下来。第四天录用榜一公布，朋友傻眼了：上面只有小米的名字。朋友质问总经理：“我三次都考了 99 分，为什么不录用我，而录用了前两次考分都低于我的考生呢?”总经理笑呵呵地说:“你次次都考了最高分，可惜你每次的答案都一样，一成未变。我们需要的职员不单单要有才华，他更应该懂得反思，善于反思、善于发现错漏的人才能有进步。我们公司之所以分三次用同一张试卷对你们进行考核，不仅仅是考你们的知识，也在考你们的反思能力和习惯。”

无论这个故事在生活中发生的概率有多小，它仍然可以给我们两个启示。

启示一：在什么位置，你都需要反思

在整场考核中，朋友虽然一直稳居第一，其实还是有上升的空间。99 分，至少说明她还有 1 分的距离要走。遗憾的是，她并没有意识到要去走完那 1 分，而仅是悠闲地看了看自己第一名的位子是否牢靠。小米位居第二，成绩还有些差距，但是小米却一直在改进自己的错误，在反思自己的不足之处。换句话说，她一直在努力，在修正自己的不足，在慢慢地爬升。假若还有第四次考核，说不准小米就会替代朋友成为第一名。因为，一直反思着的人生必定鲜活、有劲头、有力量。

当老师久了，用不了太久，也就是五六年的光景，大多数人就会找到自己的位置。这个时候，有的人就会像那位朋友一样安居自己的位置，一遍遍重复人生的答案。课堂，永远是一个样子；班级，一年年地重复着老套的路子。而有的人，则是在不断反思着不足，不断尝试着了解新的东西，不断惋惜、苦思、焦虑，有时会累得感觉不值。极少数的人，在累中坚持下来了，于是就有了路过，有了超越，有了后浪推前浪。只不过，教师生涯的这种考核远没有朋友应聘的结果那么显性：教师工作岗位是不大会有淘汰之说的，无论你是否在反思，是否在努力，你都还会待在这个岗位上，领着该领的工资，发着该发的牢骚。自然，那些失去反思能力的教师，也就没有了朋友的那种“羞愧感”。不仅没有，反倒是相当坦然，心安理得。

这并不意味着教师就不需要反思了，虽然教师岗位的“淘汰”来得慢些，却有一个词在候着停滞不前的人，那个词叫“倦怠”，即职业倦怠。一个倦怠了的人是可怕的，把职业看得无所谓的人，就像是出门都不会洗把脸的婆娘。无论姿色曾经多么美好，单是那一脸的倦怠，就会让人没有了兴致。所以，即使没有淘汰，无论你到了什么样的位置，都需要反思，还需要去超越，至少得有反思的心思。青年教师，你还在金字塔的底端，你需要反思自己的每一步，每天向前挪一点点；成熟教师，你的付出已经有了不小的收获，坐享其成肯定不能算是明智之举，你不反思，那些后面的人迟早会微笑着从你身边跨过去；成功教师，你的人生才最值得反思，因为再往前一步就是卓越，而卓越是没有尽头的，一望无际。

启示二：在什么时候，你都需要反思

故事中的小米最终成功了，这是必然。

当别人看到第二次、第三次的试题与第一天一样时，感到的是不可思议，是困惑，是怀疑。怀疑组织方弄错了，怀疑考试是不是有问题，总之是在怀疑别人。此时的小米，肯定是没有参与到这样的怀疑之中，她只关注第一次考试中的那些错误有没有可能得到纠正，她开始反思的是自己第一次为什么会答错了，这一次应该给出什么样的答案。

当组织方告诉考生试题没有问题，当考生确认第二次、第三次考试确实就是同一份答案后，绝大多数考生想到的是“庆幸”，然后就是“不用看题”直接写上答案。此时的小米在别人不到半小时就交卷后，仍然在慢慢做题，慢慢反思。虽然她最终提高的分数也不过几分，但是她的这种思考的过程是满分，甚至无法用分数来衡量。

在大多数人选择了一种较为舒适、简单的生活方式时，仍然坚守不被人理解的自我反思、自我努力，这不是所有人都能做到的——也正因此，并不是所有的人都能成功。

教育，给了教师基本一样的生活。备课、上课、批改作业，这是一条极易走向麻木的路径。简单、重复，几乎不用脑子或者借助体力就可以完成的工作，如果稍不加注意，就有可能沦为平庸。而大多数人，就是在这个时候开始应付教师职业，当成养家糊口的行当。其实，越是这个时候，你越需要持续不断的反思。即使你的孤傲与独行不被他人理解，即使你的深邃与凝重被他人看成另类，你仍然需要坚持自我的反思。

工作之初，我的起点就落在了别人的后面。这个时候我可以选择自暴自弃，可以把自我堕落的原因归结到不公平的生活。我在反思：我用一生的平庸去呼应他人的目光短浅是不是值得？别人对你不负责任是不是就意味着自己可以对自己不负责任？如此下去损失最大的是不是自己？倘若，我的一生真的庸俗不堪了，是不是恰恰验证了他人当初的论断？

没过几年，我从落后的起点追平了他人，甚至在某个方面有了一点点的超越。这个时候我可以选择大众的生活方式，游山玩水、觥筹交错，至少可以在烟雾缭绕、家长里短中消磨时光。我可以追慕功利，在小团体、小圈子里混出点小位置，在迎来送往的熙熙攘攘中融入大多数人渴望的生活。我在反思：我的时间就只有这么多，我学会了麻将、扑克、网络游戏，就有可能攒不出时间写作；我习惯了彼此的吹捧、不醉不归的生活，就有可能失去反思的能力。

我想，一个教师，无论身处怎样的成长层面，必要的反思才是成长的开始。

幸福更重要

扫码听书

一位青年教师给我发来一封电子邮件，在客套地讲了很多对我的文章的欣赏之后，“顺便”谈到了自己为成功所做的种种努力，以及遭遇到的诸多失败。在文中，他袒露了自己对成长和成功的渴望，并毫不掩饰地讲到了自己的苦闷和焦虑。最后，他问：“我什么时候也能够像您一样成功?”

这样的问题我听到过很多，几乎在每一次讲座之后都会有人这么问。但是，这个问题又实在是无法回答。首先，我这个人并不优秀，甚至算不上突出，至少在现今的教育环境中我只能算是一个畸形成长的教师，所以我也不知道成功到底是种什么样的滋味。其次，我并不主张青年教师过于热衷对教育成功的追逐，特别是对名师的过分膜拜，因为那很容易让他们迷失自己，失去教育的朴素之美。

在现行的教育评价制度下，一个教师所谓的成功大多体现在政府表彰的特级、名师（教学能手）之类的荣誉上，而这些荣誉取得的途径无非是证件的累加。在这些作为“原材料”的证件中，教学技能性的证件占绝对优势，讲课比赛就是其中最为关键的东西。几乎所有的综合评选中，具备某级讲课比赛证书都是必不可少的“硬件”，所以参加各级讲课就成了教师全力以赴的长期“追求”。但是，既然是比赛就会有获奖名额的限制，能够取得比赛名次的人毕竟是少之又少。再加上一些教师自身素质的先天不足，终其一生也未必能够获得级别较高的课赛机会，更别说获奖了。课赛，往往成为部分人竞技和展示的特权与专利，也成为绝大多数教师痛心和痛苦的根源。

再往深了说，一个教师在讲课比赛中获胜，未必就意味着他的教学水平达到了什么样的高度。除去大家共知的讲课比赛是“一群人托着一个人上墙”的现实外，单就现在讲课比赛的评价来看，讲课比赛过分关注了技能的甄别，把艺术性很强的教学当作技能来评价，这本身就是对教学的一种误解和亵渎。技能大赛、能手评比这些工业生产的名词在教育领域的泛滥，导致了教师除了会拼命追逐分数以外，就是恶狠狠地“修炼”教学的技术，以至于要具体到某句话怎么说，某个环节怎么过渡，某个问题让谁来回答，某个时候谁举手、谁鼓掌，某个学生提哪个问题……如此，教师的视野就会变得越来越窄，视线就会聚焦在太过于具体的程序、套路上。更重要的是，对这种“成功”的过分热情，会让老师对自己太苛刻，对成长太焦急。很多老师总是稀里糊涂地不断向前追赶，不仅忘记了对自己生命惬意和富有诗意的眷顾，更重要的是把自己推到了一个狭隘无比的领域：就教学而教学，就技术而技术。全然忽略了教育更加广阔的价值，抛弃了教育的生命意义和意蕴。

其实，我还是建议老师要多读点书，多写点东西，多思考一些教育以外的东西，因为我坚信，一个不具有开阔视野和公共关怀的老师，在学科的教学上也不可能好到哪里去。每年的课赛一等奖那么多，留下痕迹的人却寥寥无几。如果细观这些“寥寥无几”的人，除了高超的教学技能以外，他们大多还是个阅读的杂家，不仅读教科书、教参、教案，还读哲学、经济学、文学，甚至佛学；他们大多还是个写家，不仅写论文、专著，还要写随笔、故事，甚至文学作品。这些爱好，看似与教育无关，但恰是这些无关紧要的东西，让他们有了丰盈的情感，丰厚的底蕴，开阔的视野，以及继续行走下去的勇气与支撑。可以这么说，一个教师要想真正成为名师，绝对离不开阅读和写作，因为这不仅可以对教育技能的高度进行浸润和提升，更对人生意义产生不可忽略的一种抚慰。

我很欣赏李镇西老师的一个观点：“一个教师，是否‘优秀’不是最重要的，是否‘卓越’更无关紧要，最最关键的是，是否‘幸福’！因为‘优秀’教师是有限的，而且往往和机遇甚至人际关系有关。”现实中，除了通过课赛成功的人以外，也不乏单靠一个国家级、省级优秀教师称号而迅速蹿红，或者在综合评比中占据优势的人。这样的称号，对于一个基层的老师来说，可以说是千年难遇，得此“殊荣”除了自身的高素质以外，真的还需要素质以外的东西，需要天时、地利、人和。如果一个教师把对这种“优秀”的追逐作为自己的成功的话，得到的一定是“徒伤悲”的怨天尤人和无穷尽的痛苦。时间久了，就会倦怠，就会放弃，就会随波逐流。

因而，对于教师来说，未必非得在教育里辟出一个很大的舞台来展示自己的缤纷和靓丽，也未必要站在高处炫耀自己的成功和伟岸。假若，你能够见微知著，在细小的获得中品尝出教育的甘甜，比如家长的信赖、学生的依恋；在细微的光亮里看得见未来的温暖，比如一篇小文的发表、一个学生的进步；在细致的沉静中觅得人生的充实和从容，比如静静的夜里读一本闲书、悠闲的假期一次慵懒的小憩，其实就是享受最真实的职业幸福，一种比成功更重要的职业追求。

给成长一个适宜的环境

扫码听书

因为要筹备班主任论坛，我用了一中午的时间认真读了十七位优秀班主任的主题发言材料。很感动，感动于这些在平凡、琐碎中仍然坚持思考的人，感动于他们在工作中的执着、坚持和无私的付出。但是，字里行间里，也隐约读到了他们的疲惫和挣扎，无奈和辛酸。

教育是一种特殊的耕耘，教师终其一生的付出也不过是陪伴某个生命群体度过短暂的三年、五年，甚至是更短的时间。这种耕耘的特殊性决定了播种者不可能见到丰收的果实，自然也就不能以最终的收获来衡量这份耕耘的价值。生命成长的不可量化，情感价值的无法度量，决定了对教育的评价也只能是一种断章取义的浅显敷衍。简单的量化，数字式的价值表达，必然会绑架着教育者朝功利的方向越走越远。

毋庸置疑，班主任工作是辛苦的，这份辛苦除了来自繁杂的事务性工作以外，更多的是一种“心累”，是很多班主任老师极力摆脱却终不能割舍的一种无奈。究其原因，无不与教育的功利有关：功利的价值取向，必然会导致我们的教育行为走向极端的狭隘；功利的教育评价，必然让教育者艰难地负重前行；功利的目标追求，必然让教育的人文气息荡然无存。诚如李伟彩老师的报告中所说，因为“我们忽视了自己应该追求的目标，把一些小事情变成最重要的事情”，从而导致了我们必须“终日奔波劳碌”。

特别欣赏李老师的这句话，简简单单的文字，解读了深刻无比的道理：我们在远离教育的初衷和美好，在逃离教育的神圣和庄严，在以最庸俗的方式渲染教育的功利价值。所以，我们累了、烦了、腻了，找不到出口和方向了。

其实，教育是委屈的。很多的烦恼和辛劳不是教育本身带给我们的，比如我们对分数的那种斤斤计较，比如我们对孩子错误的那种声嘶力竭，比如我们对教育功效的那种心烦意乱……这些其实都不是教育的问题，更不是教育最本质的东西。很多时候，是我们不自觉地把分数、升学等功利的目标捆绑在教育的身上，并在不断的追逐中开始紧张、焦虑，继而愤懑、悲伤，甚至是绝望。于是，我们诅咒教育，痛恨教育，却又不得不依靠教育、追捧教育。这种内心的自我矛盾多了，积淀得久了，自然也就失望了，倦怠了。

读卡伦·荷尼的《自我的挣扎》，里面有一句话特别值得品味：人无须硬教橡籽长成橡树，只要有适宜的环境，它凭借自己的力量就可以成长为橡树。这句话的意思很浅显，说得直白一些就是，让一颗橡籽长成一棵橡树，不需要我们过多地给它附加成长的资格、条件和标准等过于显性的东西，只要给它生存和生长的环境就可以了。简单地说，成长是它自己的事情。

对于教育来说亦是如此，说到底教育无非就是为生命的成长提供一个适宜的环境，而不是去度量灵魂，牵拽生命。诚如此，教育将不再狭隘，生命将不再窘迫，人也才可能得以幸福地存在，不管是学生，还是教师。

教师幸福的本源

扫码听书

教师幸福的本源有二：一是“赠人玫瑰”，一是“手有余香”。

“赠人玫瑰”是幸福的前提。幸福绝不仅仅是得到，它应该是一种附着在付出里的淡淡愉悦。守株待兔故事中的那个宋国农夫，因为捡到了一只野兔而得到了一顿美餐，实在是一个意外的惊喜，但这份惊喜对他来说不是幸福，而是灾难，他的土地因此而荒芜，自己也成为别人的笑柄。可见，天上掉馅饼之类未经付出的意外收获，并非真正意义上的幸福，充其量只决定一个短暂的心情。

职业的特殊性更决定了教师的幸福源自无私的付出。春蚕、红烛等物化的教师形象虽有其“绝对化”的倾向，过于强调牺牲式的无私无畏，但从质上来说，这些比喻恰恰告诉我们：教师的幸福与所有的幸福一样，首先是付出，并且是一种更高要求的付出。这种高要求的付出一是要求教师赠人的应该是美丽的玫瑰，而不是茅草，更不是蒺藜；二是要求教师必须拥有“赠人玫瑰”的职业资本——专业能力。

日新月异的教育环境导致许多教师在“新教育”面前无力自主、无能担当，专业能力的不足又让他们无所适从、无心向教，在苦苦挣扎与疲于应付中慢慢把自己的教育激情消磨殆尽，职业倦怠也就应运而生。可以这么说，教师专业能力的不足，一方面导致了教师不能向学生“赠以玫瑰”，枯燥无味的“茅草”让学生离教师、教育远去；另一方面也让教师受尽“事倍功半”的无奈，用粗糙的教育方法去经营教育，虽竭尽全力、奋力拼搏，最终得到的却是疲惫、困乏、无奈甚至是痛苦。因此，作为教师不仅要有“赠人玫瑰”的意愿，更要有“赠人玫瑰”的能力。专业能力越强，教师越容易得到学生、家长、同事的认可，越有机会体验到职业的自豪感、幸福感。就像那些优秀教师一样，做一位“能听到花开声音的人”，做一位“手往哪里一点，哪里就开花了”的教师，和孩子们一起学习、分享快乐、共同成长，这实在是人生极大的幸福。

“手有余香”是幸福的体验，是一份“赠予”以后久远、悠长的幸福回味。每个人的幸福体验是不一样的，有的人在付出以后体验到的是幸福，有的人感受到的则是空虚和无聊，这其实是教师感受幸福的能力问题。从事着一样的教师职业，行走在一样的幸福路上，但并不是每个教师自然而然就会获得幸福感。马克思说过：“对于没有音乐感的耳朵来说，最美的音乐也毫无意义。”所以教师还需要在“赠人玫瑰”之后，拥有能够感知“手有余香”的能力，也就是感受幸福的能力。

快乐和幸福需要的是一种心灵的力量，教师职业的平淡在悲观的人眼里是人生的荒漠，没有尽头、没有激情；而在乐观的人看来却是一种波澜不惊的伟大，一种引导生命个体逐渐走向完美和成功的低吟浅唱。作为教师，唯有真诚皈依自己的职业，把自己匍匐在地上，用心去感受教育的真谛，聆听教育拔节的声音，才能把自己从无尽的愤懑、满腹的牢骚中解脱出来，才能寻求到心灵力量的支撑，心平气和地在自己的教育旅途中感受到职业的幸福。

“赠人玫瑰，手有余香”，教师的幸福无不在其中。

教师的境界

扫码听书

宋代禅宗大师青原行思提出参禅的三重境界：参禅之初，看山是山，看水是水；禅有悟时，看山不是山，看水不是水；禅中彻悟，看山仍然是山，看水仍然是水。细细想来，这与教师的境界竟是极其相近。

第一重界：看山是山，看水是水。很多教师把教育仅仅当作一个职业来对待，对一切都用一种现实的眼光来看待，教育的本质在他们的眼里都被还原成本原，山就是山，水就是水。学生就是管教的对象，就是验证自己教学成绩的道具。在他们的意识里，教育不过就是每天按时上班，上完课后再按时下班，一个月下来可以拿到多少的工资；而教师也只不过是一个可以养家糊口的职业，与其他职业并无不同。在这一境界的教师，没有自觉努力的意识，只是被动地应付每天的日常琐事，天长日久，就会衍生“没意思”的感觉，这就是职业倦怠。这种职业倦怠，直接导致了教师在教育生活中缺乏感情的投入，把学生当作没有生命的产品来对待。当然，这种职场冷漠也让教师无法收获来自学生的感情回应，收获不到教育的回馈。爱的匮乏，使教育生态不断恶化，对教师和教育都是一种严重的摧残和毁灭。

第二重界：看山不是山，看水不是水。有一些教师，超越了职业意识，开始用心去体会教育，对教育多了一份理性与道德的思考，山不再是单纯意义上的山，水也不再是单纯意义上的水了。课堂不再是冰冷的车间，而是温情四溢的情感交流场；教育不再是枯燥的重复，而是一种积极探究的乐趣。在这一境界里，教师有了强烈的自觉意识，教学行为超越了本能，在道德的自我约束下，极力创造做一个好老师的可能。当教育不能达到自己的内在要求时，他们会产生强烈的自责与内疚感，这种意识往往会促进责任感的产生，从而在自觉自愿中完成教育的艺术性追求。

第三重界：看山是山，看水是水。这是一种洞察世事后的返璞归真，但不是每个人都能达到这一境界。当一个人的教育经历积累到一定程度，通过不断地反省，对教育、对自己的追求有了一个清晰的认识，把教育事业当作自己的生命一样来看待，这时，看山还是山，看水还是水，只是这山这水，看在眼里，已有另一种内涵了。在这一境界中，学生被看成了活生生的人，教育被看成了一种生命与生命的对话。这种对话，可以超越一切尘世的干扰，而达到精神的愉悦，教师以生命来诠释教育，而教育也融入了学生的精神世界之中。拥有这一境界的教师，对教育有着一种近乎痴迷的执着，对生命有着超越一切的尊重，他们对教育的影响，不再是推动某一个体的成长，而是对一个群体甚至是民族的滋养。

大师对人生的三重禅悟，展示了生命不断追求的过程。教师亦是一样，只不过教师群体的特殊性决定了教师的不同境界，影响的不仅是自身的生命，还有千千万万的孩子。

做一个有眼界的校长

扫码听书

班长打电话告诉我，他们那届学生要在年后聚一聚，并且希望再到原来的教室里重温求学时光，找找当年的那份感觉。最后，他问我："老师，您能不能帮忙跟校长说说，请学校同意我们那天进入校园和教室。"我稍做犹豫，还是答应试一试。

犹豫的原因很简单，很多年前我曾经有过类似的经历。当时，我的一届学生在寒假里小聚。在酒店里吃过饭后，他们提出来想再到学校操场上走一走。我毫不犹豫就答应下来，并带他们到了学校门口。没想到，值班的老师不让进，原因是校长一再交代，寒假期间不允许任何人进校园。看到值班老师为难的样子，我直接拨通了校长的电话，告诉校长我会全程带着这些学生在校园里转，并且保证不会让他们乱动学校的一草一木。电话的那端只有一句话，为了安全起见，假期期间一律不准外人进校园。我据理力争，他们不是外人，是我们学校曾经的学生。那端又来了一句话，曾经的学生就不是现在的学生，不是现在的学生就是外人。

我直接无语。懂事的学生不想让我尴尬，便解围说："老师，我们就在门口合张影吧！"从那以后，这些学生也零星地聚过几次，但再也没人提出过要去学校看看。其他届的学生，有了类似的想法，我一般也会委婉地劝他们在学校门口看看就行。这样做，不仅是因为我不想求人，更是因为我不想让自己的学生知道，他们已经成了学校的外人。

但是，这一届学生比较特殊，他们是我二十年教师生涯唯一一届从头带到毕业的“嫡系部队”。在做临时代课教师时，因为只当了一年多，带的那届学生自然也就未能教到底。成了公办教师，先是在校办工厂，再到联中教了一年多，又是一个“未完成”。回到中心校，先接的是初二的一个班，等那届学生毕业后才开始教初一，就是这次要聚会的这届学生。从他们毕业后，我就一直带毕业班，直到离开这所学校。后来，接连换了两所学校，时间都比较短暂，再也没有将一届学生完整地从初一带到初三。

虽然犹豫，我还是想试试。

我知道，一大批成年人进入校园，确实会给学校管理带来一定的麻烦。所以，在拨通学校现任校长的电话后，我拐了好几个弯才把自己的想法说出来。我的预期目标不是很高，只要能够放学生进校园，让他们在“老教室”的外面看一眼就行。王存德校长听完我的意思后，哈哈大笑，用一贯爽朗的语气说：“毕业的学生能够想起母校，还想回到学校看看，这是咱们学校的荣耀呀！哪怕是在这里上过一天学的人，也是咱们永远的学生，我们一定为学生服务好。”随后，我们在电话里闲聊起来，他在无意中开玩笑说：“人家卖东西的都还讲究售后服务，咱们培养学生的，还能比他们差！”

这个王校长，一语道破教育的玄机，也点中了当今教育的死穴。但事实上，很多做教育的还真比不上做企业和商业的，至少他们会把服务的眼光放在售出后的几年，有的甚至十几年。我们呢？

有一次，我到外地一所学校讲课，在回来的火车上遇到了一位校长。因为旅途遥远，我们便聊起了教育。他讲了他们学校在当地的知名度，讲了他们远远高于其他学校的升学率，并且颇以为豪。我很真诚地请教成功经验，他拿出一份学校的课程表，摊到我的面前，笑着说：“秘密都在这里！”我打开一看，确实大吃一惊。在他们的课表上，没有课间操，没有课外活动时间，每一天的课时数竟然达到了十节。再仔细一看，这么多的课里面，没有音乐课，没有美术课……一切与考试无关的课都不在课程表之内。我试探着问："怎么没有艺术类的课呢?"他两手一摊，苦笑着说："没办法，我也知道学生需要积淀点艺术素养，但是我们那里考核学校只看升学率，那些没有用的课就只好取消了。"随后，他又递给我一些学校的宣传材料，在办学理念的条目上，赫然写着：为学生的终身发展奠基。多么绝妙的讽刺。一个只是为了学生在校三年考试成绩而惴惴不安的学校，竟然敢公然宣称是"为学生的终身发展奠基"。

人们总是喜欢嘲笑那只坐井观天的青蛙愚蠢，认为它太笨、太傻。其实，这只青蛙真的很冤枉，也许它并不笨，只是眼界太小。一个眼界狭窄的人，永远不会有大的境界。试想，一个因为担心校园安全而把毕业生看作外人的校长，一个只盯着学生成绩单的校长，你还期望他能够为学生的一生着想？你还指望他带领的学校能够有多高的育人境界？

在我看来，一个人即使再聪明，如果眼界不够开阔，那些聪明也只能是些小聪明，要点小心眼还行，做大事，还差得很远。像王校长那样，把学生看成永远的学生，愿意为学生一辈子做"售后"服务的校长，才是真正有眼界的校长。

而有眼界的校长，才有可能做出有境界的教育。这一点，我深信不疑。

从教书匠到教育家

扫码听书

叶圣陶先生在《假如我当教师》一文中说："我如果当中学教师，决不将我的行业叫作'教书'……若是这样便把我当教师的意义抹杀了，好像我与从前书房里的老先生并没有什么分别。其实，我与从前书房里的老先生是大有分别的：他们只需教学生把书读通，能够去应考试，取功名，此外没有他们的事儿；而我呢，却要使学生能做人，能做事，成为健全的公民。"今天，我们重读这些文字，不禁感慨万千。一个多世纪过去了，我们的教育环境发生了根本变化，但是，我们的教育思想和教育理念，到底进步了多少？到底还有多少教师在做着"教书匠"的行当？

有些教师，一节课教了一辈子，改变的只是听课的学生；一次作业做了一辈子，变化的只是批阅的日期。不管外面如何风生水起，他们只固守着自己的那一湖静水，在悠闲与麻木中慢慢变老。这其实已经不再是教育，教育是什么？教育是教师用一辈子来积淀、更新、发展自己，并因自己的发展而影响学生的过程。苏联帕夫雷什中学一位有 30 年教龄的历史老师上了一堂出色的公开课，课下一位老师请教她"花了多少时间来备这节课"，那位历史老师说："对这节课，我准备了一辈子。"作为教师，我们的一辈子都在准备着一节课，那就是教育。每一个准备从事教育的教师，每一个不希望把教育当成教书的教师，都应该学会在琐碎中收获那些不经意的惊喜，试着把教育当成一种信仰，一种不断被拉长、被坚持的信仰。

有些教师，总是希望在最短的时间、用最直接的方法获取最大的收益。于是在他们践行的教育中，就不可避免地会带有斧凿的痕迹。只修文凭，不修本领；只重职称，不重德行；只图安逸，不思进取，这样的从事着教学活动的人被名之为教师，其实是对教师最大的误解与伤害。路易斯·康说："学校源于一个人坐在树下，与另外几个人谈论自己的想法。谈的人不知道自己是老师，听的人也不知道自己是学生。'学生'们听得出神，不禁惊讶万分，要是这个人能留下来多好啊！于是他们就在那里划出一个地方，于是世界上就诞生了第一所学校。"那些"谈的人"就成了教师。你看，教育就应该自然而然、无痕渗透，如行云流水，不造作，不矜持；教师就应该是一个大写的人，应该成就大事业，有大胸怀、大境界、大精神，在淡泊中牵引学生的灵魂。

我闲来无事的时候，曾经陪孩子看过《杰克与仙豆》这个动画片，内容大意是：杰克的家里没有食物了，他的妈妈让他去市场把家里的奶牛卖了。不料杰克用奶牛仅仅换来几颗豆子。他母亲看到那几颗豆子，气得把它们扔出窗外。第二天一早，杰克发现豆子已发芽长大，豆茎高耸入云。杰克顺着豆蔓爬上豆茎的顶端，到了一个绚丽多彩的世界，在仙女的指引下知道了自己家生活不幸的根源，从而获得了幸福。杰克在无意间得到了仙豆，这是他获得幸福的基础，但是如果他没有沿着豆蔓爬上云端，那么他得到的也无非就是一根长长的茎，对于生活不会有大的改观。幸运的是他爬上去了，站在了高处审视自己的生活，这才是他获得幸福的根本原因。

其实，我们教师也都在无意中拥有了一根豆蔓，多年的教育实践已经把这根蔓滋养得很长、很高。我们需要做的，就是让心中的那个自己慢慢地爬上豆蔓，一直爬到豆蔓伸到的云彩上面，再拨开云朵看看下面生活的自己。那时，我们一定会有不同的感触，一定能够更清晰地看待自己，找到从教书匠走向教育家的道路。

后记

附赠讲座

2014 年 9 月 17 日，《中国教师报》以《准备好一颗愿意成长的心》为题目整版报道了我的成长经历。在文章的末尾，记者宋鸽老师写道：“离开了课堂的王维审一直觉得心里空落落的，因此，直到今日，他也一直没有放弃重新回到学校，回到学生们的身边。”

这句话不是我说出来的，至少不是直接说出来的。按照宋鸽老师的说法，这是我“透”出来的，我的浑身上下都透着这样一种心情，每一个接触我的人都可以感觉得到。那时，我离开学生和学校正好一年时间，那时的我正在迷茫中拼命寻找新的出口。

因为，我一直觉得自己是属于学生的，我的根脉在学校。虽然在最基层的教育一线，有过很多的跌跌撞撞，品过太多的辛酸劳累，但和学生在一起的日子是充实的，再苦再累我都会有一种踏实的感觉。

所以，当我在猝不及防中被推向另外一条路时，无聊和疼痛在瞬间袭来。周围的人说，知足吧！多好的事，机关的工作轻松且没有压力，比教书强多了，但我却无法说服自己沉默到清闲中去。最痛苦的是，在很长的一段时间里，我竟然写不出文章来。

其实，真正让我感到绝望的是：我不知道接下来的路应该怎么走！也就是在那次采访中，宋鸽老师对我说：“工作不一样了，可能会有一个适应期，你现在最应该做的就是把自己十几年的文字整理一下，算是总结，也算是新的开始。”

于是，我便找到了最应该做的事情。我把自己十几年来写的文字一点点捡拾起来，梳理了一遍，我便有了一个新的发现——我也是属于文字的，我必须用文字给自己一个说法，一个交代。

于是，我便有了这次出书计划——总共三本，一本是教育叙事，一本是教育随笔，一本是总起来谈教育写作的。本书是第二本，书中精选了我在各级报刊发表的与教师成长有关的随笔。我试图用它们解读从新教师到“杰出”教师的成长历程，解答教师群体在成长过程中可能会遇到的困惑和疑虑。

不知道我是不是能够做到这一点，但我希望这些文字，可以给像我一样正在经历着困惑的老师，一点亮光。

2016 年秋

图书在版编目（CIP）数据

做一个不再困惑的老师/王维审著. —济南:山东文艺出版社,2017.3

ISBN 978－7－5329－5391－2

Ⅰ.①做… Ⅱ.①主… Ⅲ.①教育—随笔—中国—文集 Ⅳ.①G52-53

中国版本图书馆 CIP 数据核字(2017)第 009747 号

做一个不再困惑的老师

王维审 著

主管单位	山东出版传媒股份有限公司
出版发行	山东文艺出版社
社　　址	山东省济南市英雄山路 189 号
邮　　编	250002
网　　址	www.sdwypress.com
读者服务	0531－82098776(总编室) 0531－82098775(市场营销部)
电子邮箱	sdwy@sdpress.com.cn
印　　刷	肥城新华印刷有限公司
开　　本	710 毫米×1000 毫米　1/16
印　　张	16
字　　数	212 千
版　　次	2017 年 3 月第 1 版 2020 年 6 月第 2 版 2022 年 1 月第 3 版
印　　次	2022 年 1 月第 8 次印刷
书　　号	ISBN 978－7－5329－5391－2
定　　价	55.00 元

版权专有,侵权必究。如有图书质量问题,请与出版社联系调换。